领导干部履职核心能力建设书系
主编 时和兴

领导干部政治能力建设

宋雄伟 著

中央党校出版集团
国家行政学院出版社
NATIONAL ACADEMY OF GOVERNANCE PRESS

图书在版编目（CIP）数据

领导干部政治能力建设 / 宋雄伟著 . — 北京：国家行政学院出版社，2023.5

（领导干部履职核心能力建设书系 / 时和兴主编）

ISBN 978-7-5150-2782-1

Ⅰ.①领… Ⅱ.①宋… Ⅲ.①政治工作—中国—干部教育—学习参考资料 Ⅳ.① D64

中国国家版本馆 CIP 数据核字（2023）第 059276 号

书　　名	领导干部政治能力建设 LINGDAO GANBU ZHENGZHI NENGLI JIANSHE	
作　　者	宋雄伟　著	
统筹策划	刘韫劼	
责任编辑	陈　科	
出版发行	国家行政学院出版社 （北京市海淀区长春桥路 6 号　100089）	
综 合 办	（010）68928887	
发 行 部	（010）68928866	
经　　销	新华书店	
印　　刷	北京盛通印刷股份有限公司	
版　　次	2023 年 5 月第 1 版	
印　　次	2023 年 5 月第 1 次印刷	
开　　本	170 毫米 ×240 毫米　16 开	
印　　张	11	
字　　数	141 千字	
定　　价	38.00 元	

本书如有印装质量问题，可随时调换，联系电话：（010）68929022

总序

领导干部是党和国家事业发展的"关键少数",是党和国家事业的中坚力量。全面建设社会主义现代化国家,必须有一支政治过硬、适应新时代要求、具备领导现代化建设能力的干部队伍。领导干部的履职能力不仅体现干部队伍的整体素质,更关系党的长期执政、国家长治久安、人民长远幸福。培养造就信念过硬、政治过硬、责任过硬、能力过硬、作风过硬的领导干部队伍,对于实现新时代新征程中国共产党的使命任务,以中国式现代化全面推进中华民族伟大复兴,具有重要战略意义。

当前,世界百年未有之大变局加速演进,世界之变、时代之变、历史之变正以前所未有的方式展开,国内改革发展稳定任务艰巨繁重,给领导干部的履职能力提出了一系列新挑战、新要求。建设堪当民族复兴重任的高素质干部队伍,必须着力解决领导干部队伍中存在的本领恐慌、能力不足问题。新时代新征程新任务,要求各级领导干部不断提高政治能力,增强推动高质量发展本领、服务群众本领、防范化解风险本领,加强斗争精神和斗争本领养成,提高统筹发展和安全能力。

干部教育培训是干部队伍建设的先导性、基础性、战略性工程。为开发适应领导干部履职需要和学习特点的培训教材,助力打造高素质专业化干部队伍,我们以习近平新时代中国特色社会主义思想为指导,立足中央党校(国家行政学院)作为干部培训主渠道主阵地的职能定位,以党中央对领导干部队伍建设的最新要求为遵循,编写了"领导干部履职核心能力建设书系",分设《领导干部政治能力建设》《领导干部意识形态能力建设》《领导干部群众工作能力建设》《领导干部调查研究能力建设》《领导干部依法治理能力建设》《领导干部应急处突能力建设》《领导干部心理调适能力建设》《领导干部数字治理能力建设》八册。其中，政治能力是首要能力，在领导干部干好工作所需的各种能力中是第一位的；意识形态能力是关键，反映领导干部在重大问题和重大考验面前辨别政治是非的素质和水平；群众工作能力是根本，是衡量领导干部政治上是否合格、工作上是否称职、领导能力强不强的基本标准；调查研究能力是基础，属于领导干部做好各项工作的前提和必备基本功；依法治理能力是保障，体现深化改革、推动发展、化解矛盾、维护稳定、应对风险的内在要求；应急处突能力是底线，既检验领导干部统筹发展与安全的专业水平，又检验领导干部的见识和胆识、定力和魄力；心理调适能力是支撑，为领导干部全力战胜前进道路上各种困难和挑战、稳定发挥其他各项能力提供内源性动力；数字治理能力是重点，是领导干部适应数字时代治理要求、激发治理活力、转化治理效能的关键性保证。这八大能力相辅相成，构成了新时代领导干部必备的履职能力体系。

本书系各分册的作者为中央党校（国家行政学院）、中国社会科学院大学等相关领域权威专家，保证内容的专业性和权威性。书系聚焦领导干部履职能力建设的核心问题，紧贴党中央关于干部队伍建设和干部教育培训要求，针对各级领导干部工作现实需要，侧重能力要求的理论分析和能力建设的方法阐释，既有深入浅出的学理阐释，又有生动透彻的案例解读，辅以知识链接、延伸阅读、深度思考等板块，启发领导干部坚持在干中学、学中干，在阅读和思考中深度共鸣，为加强各级领导干部履职核心能力建设提供实用参考。

时和兴

2022年11月

前　言

提高政治能力是新时代党的政治建设的重要内容，是保持马克思主义政党政治属性的必然要求，是有效发挥党的政治优势的经验总结，是世界社会主义运动史的经验教训，更是实现党的历史使命的重要保证。习近平总书记在2020年中央党校（国家行政学院）中青年干部培训班开班式上讲道："在干部干好工作所需的各种能力中，政治能力是第一位的。有了过硬的政治能力，才能做到自觉在思想上政治上行动上同党中央保持高度一致，在任何时候任何情况下都能'不畏浮云遮望眼'、'乱云飞渡仍从容'。"[①]2022年12月26日至27日，中共中央政治局召开民主生活会，习近平总书记再次强调："对政治局的同志来说，最重要的履职能力就是政治能力，要坚持用马克思主义政治家的标准严格要求自己，不断提高政治判断力、政治领悟力、政治执行力，善于研判国内国际发展大势大局，牢记'国之大者'，善谋国之大计、党之大计，造福人民、赢得民心。"政治能力在领导干部应当具备的各种能力中起着领头、管总的作用。领导干部的政治能力与担任的领导职责相匹配，才能与新时代党和国家事业发展的要求相适应，才能为党的政治建设提供有力保证。

只有牢牢抓住领导干部这个"关键少数"，全面提升领导干部的政治能力，在制定重大政策、部署重大任务、推进重大工作的实践中坚决纠正偏离和违背党的政治方向的行为，才能不断带动党的政治建设质量

---

① 《年轻干部要提高解决实际问题能力　想干事能干事干成事》，《人民日报》2020年10月11日。

全面提高。提高政治能力，很重要的一条就是要善于从政治上分析问题、解决问题。只有从政治上分析问题才能看清本质，只有从政治上解决问题才能抓住根本。

本书尝试回答"领导干部政治能力的内涵是什么，为什么政治能力在干部的所有能力中是第一位的"。本书共分为七章：第一章提出为什么加强领导干部政治能力建设是回答"百年大党何以年轻"的又一个重要答案，政治能力建设具有什么样的重要意义；第二章至第六章从五个方面分别回答领导干部政治能力建设的重要内容，并在每一个方面尝试分析为什么领导干部的政治能力是第一位的；第七章则以准确把握考准考实干部政治素质的标准为落脚点。

第一章从"百年大党何以年轻"的问题出发，回顾解释中国共产党为什么能，中国道路为什么行的多种答案，进一步提出"政治能力建设"是百年大党永葆青春的制胜法宝。中国共产党之所以善于以弱胜强、敢于以小博大，能够不断取得胜利，归根结底和自身在推进社会革命中不断注重自我革命、强化政治建设、养成众多优良传统有关。提高领导干部政治能力就是我们党的优良传统之一，是我们党和很多政党之间的重要区别。

政治能力提供政治价值认同，形成自觉认同，坚定信念、对党忠诚，能够把讲政治转化为组织优势，把讲政治和实际工作有力地结合起来。

政治能力形成坚强的政治权威。中国共产党屡经磨难，之所以能够在绝境中凤凰涅槃，一条根本经验就是由于党形成了政治权威和最坚强的领导核心。党的力量来自组织。政治属性是党组织的根本属性，政治功能是党组织的基本功能。

政治能力使各级党组织和全体党员牢固树立"一盘棋"意识，在党中央集中统一领导下齐心协力、步调一致开展工作，形成党的组织体系整体合力，不断强化各级各类党组织的政治属性和政治功能。

政治能力保障国家治理水平的不断改善。政治能力要求紧紧围绕坚持和完善中国特色社会主义制度这个主要目标，紧紧把握推进国家治理体系和治理能力现代化这个主轴，时刻把准方向，牢牢盯住制度和治理能力建设这个靶心，全面深化改革，促进体制机制建设，推动各方面制度更加成熟更加定型，推进国家治理现代化。政治能力建设就是通过对一系列结构性问题的解决，以实现维护公共秩序、增进公共利益、改善公民权利的基本目标。

政治能力更好地把群众路线贯穿到治国理政的全过程中。提高政治能力能够使党的群众路线不断落实到治国理政的伟大实践中，加强从政治的高度深刻认识密切联系群众的重要性，更加主动回应新时代社会主要矛盾转化，化解风险，破解难题和应对挑战。

第二章指出领导干部政治能力建设要能够把握大势、把握全局，善于从政治上研判形势、分析问题，自觉在党和国家工作大局下想问题、做工作，做到一切服从大局、一切服务大局。加强领导干部政治能力建设，要求各级干部把握世界大势，进一步抓住和用好历史机遇，统筹中华民族伟大复兴战略全局和世界百年未有之大变局，深刻领悟"中国发展仍处于重要战略机遇期""机遇和挑战之大都前所未有，总体上机遇大于挑战"的战略判断，顺应和平、发展、合作、共赢的时代潮流，顺应世界多极化和国际关系民主化大势，顺应经济全球化大势，对内贯彻新发展理念、推进高质量发展、构建新发展格局，对外实行高水平开放，实施更大范围、更宽领域、更深层次的全面开放，促进合作共赢，在更好发展自己的同时也更好地向世界作出贡献。

第三章指出领导干部政治能力建设要能够保持政治定力，坚定理想信念。领导干部政治能力建设要求牢固树立政治理想。党的十八届六中全会审议通过的《关于新形势下党内政治生活的若干准则》提出："共产主义远大理想和中国特色社会主义共同理想，是中国共产党人的精神支柱和政治灵魂，也是保持党的团结统一的思想基础。"①领导干部应深刻理解和把握人类社会发展的历史必然性，坚定共产主义远大理想与坚持中国特色社会主义共同理想的有机统一，坚持理想性与现实性的有机统一。检验一个领导干部的理想信念是否坚定，要看是否能在重大政治考验面前有政治定力，是否能树立牢固的宗旨意识，是否能对工作极端负责，是否能做到吃苦在前、享受在后，是否能在急难险重任务面前勇挑重担，是否能为理想而奋不顾身去拼搏、去奋斗、去献出自己的全部精力乃至生命。党的二十大提出了坚持不懈用习近平新时代中国特色社会主义思想凝心铸魂的重要要求，各级领导干部要深刻领会习近平新时代中国特色社会主义思想的重大政治意义、理论意义和深远历史意义，为实现中华民族伟大复兴的中国梦不懈奋斗。

第四章指出领导干部政治能力建设要能够始终坚持正确政治方向。习近平总书记指出，"中国特色社会主义，是中国共产党和中国人民团结的旗帜、奋进的旗帜、胜利的旗帜"，"鞋子合不合脚，只有自己知道"。②中国特色社会主义，是科学社会主义理论逻辑和中国社会发展历史逻辑的辩证统一，是根植于中国大地、反映中国人民意愿、适应中国和时代发展进步要求的，是统揽伟大斗争、伟大工程、伟大事业、伟大梦想的科学社会主义。坚持和发展中国特色社会主义是历史的结论、人民的选择，是实现中华民族伟大复兴的必由之路。各级领导干部要坚定政治方向，做政治上的明白人，在以中国式现代化全面推进中华民族伟大复兴的伟大征程中，始终高举中国特色社会主义伟大旗帜，坚定不移沿着坚

---

① 《关于新形势下党内政治生活的若干准则》，人民出版社2016年版，第5页。
② 《习近平总书记系列重要讲话读本》，学习出版社、人民出版社2014年版，第4页。

持和发展中国特色社会主义道路前进。

第五章指出领导干部政治能力建设要能够紧扣民心这个最大的政治。人民立场是我们党的根本政治立场,要始终站稳人民立场,贯彻党的群众路线,同人民想在一起、干在一起。在新时代中国特色社会主义建设实践中,各级领导干部必须坚持人民主体地位,把以人民为中心的发展思想体现在经济社会发展各个环节,做到老百姓关心什么、期盼什么,改革就要抓住什么、推进什么,通过改革给人民群众带来更多获得感。要坚持立党为公、执政为民,践行全心全意为人民服务的根本宗旨,处理好改革"最先一公里"和"最后一公里"的关系,通过改革打破"中梗阻",让人民群众有实实在在的获得感,避免停留在口头、止步于思想的形式主义。要坚持把党的群众路线贯彻到治国理政全部活动之中,把人民对美好生活的向往作为奋斗目标,多谋民生之利,多解民生之忧,不断保障和改善民生,不断促进社会公平正义,不断促进人的全面发展、全体人民共同富裕,依靠人民创造历史伟业。

第六章指出领导干部政治能力建设要能够严格遵守党的政治纪律和政治规矩。"纪纲一废,何事不生?"[①] 全面从严治党,核心是加强党的领导,基础在全面,关键在严,要害在治。中国共产党依靠严明纪律走到今天,也必然要依靠钢铁般的纪律走向未来。政治纪律是所有纪律中最重要、最根本、最关键的纪律,遵守党的政治纪律是遵守党的全部纪律的重要基础。党的十八大以来,以习近平同志为核心的党中央全面推进从严治党,使之成为新时代中国特色社会主义伟大实践的鲜明特色。严格遵守政治纪律在新时代最鲜明的特征和首要任务是坚决做到"两个维护"。各级领导干部要始终同以习近平同志为核心的党中央保持高度一

[①] 《习近平关于严明党的纪律和规矩论述摘编》,中央文献出版社、中国方正出版社2016年版,第23页。

致,确保全党统一意志、统一行动、步调一致向前进。要牢固树立大局观念和全局意识,正确处理保证中央政令畅通和立足实际创造性开展工作的关系,杜绝"迈过锅台上炕"的做法和"事后诸葛亮"的行为。"遵守党的政治纪律,最核心的,就是坚持党的领导,坚持党的基本理论、基本路线、基本纲领、基本经验、基本要求,同党中央保持高度一致,自觉维护中央权威。"①这就要求各级领导干部牢固树立党章党规党纪意识,自觉用党章党规党纪规范自己的一言一行。严格遵守政治纪律要以思想建党为根本,以从严治吏为重点,以改进作风为突破口,以反腐肃贪为重要任务,以严明纪律和制度治党为保障,全面提高党的领导水平和执政能力,为新时代加强党的政治建设提供根本遵循。要发扬斗争精神,强化政治担当,敢于亮剑、善于斗争,对违反政治纪律、危害政治安全的行为坚决抵制,做勇于斗争的"战士",不做爱惜羽毛的"绅士",严防对挑战政治底线的错误言论和不良风气听之任之、逃避责任、失职失察。

第七章指出政治素质是干部基本素质的核心,也是干部履职的首要条件。领导干部如果缺乏应有政治素质,在复杂的环境中,面对各种利益诱惑,面对各种"围猎",面对各种工作中的困难和挑战,往往就很难挺得住,甚至会丧失政治立场和失去道德底线,走到人民利益的对立面。政治素质属于人的内在品质,是思想深处的东西,具有一定的隐蔽性、复杂性和迷惑性,要准确识别和评价比较难。针对这些情况,要切实改进完善政治素质考察的方式方法。考准考实干部政治素质,要在思想上真正重视,从实质上把好关,防止表面化、形式化、走过场。要准确把握干部政治素质的标准,创新系统化的考评指标体系和考评方法。要坚持知事识人、以事察人,让政治素质考察的过程具体起来,改进方式方

---

① 中共中央文献研究室编《十八大以来重要文献选编》(上),中央文献出版社2014年版,第132页。

法。要坚持由表及里、深入推断，让政治把关的分析研判精准起来，加强综合分析，以事实事例为支撑对干部政治表现准确画像，避免空洞化、格式化、概念化。

领导干部政治能力建设要求各级领导干部不断加强政治历练，坚持把理论武装作为基础任务，把系统掌握马克思主义基本理论作为必修课，加强对马克思列宁主义、毛泽东思想的学习，加强对中国特色社会主义理论体系的学习。自觉接受党内政治生活锻炼，增强党内政治生活的政治性、时代性、原则性、战斗性。用足用好"批评和自我批评"这个利器进行"政治体检"，带头推动建设良好的党内政治文化，大力倡导和弘扬忠诚老实、光明坦荡、公道正派、实事求是、艰苦奋斗、清正廉洁等价值观，提高解决自身矛盾和问题的能力。最后，要在复杂斗争实践中积累政治经验，增强底线思维，未雨绸缪、防微杜渐，敢于斗争、敢于碰硬，提高应对风险挑战、驾驭复杂局面的能力。各级领导干部要发扬斗争精神，提高斗争本领，既要敢于斗争，又要善于斗争，使领导经验不断丰富、政治能力不断提高。

目录

第一章　百年大党何以年轻　001
　一、百年大党因何风华正茂　001
　二、政治能力建设是百年大党永葆青春的制胜法宝　005

第二章　长风破浪会有时 　015
　一、世界百年未有之大变局　018
　二、中国特色社会主义焕发出强大的生机活力　023
　三、深刻认识社会主要矛盾发生变化　029

第三章　不畏浮云遮望眼　037
　一、信念的力量　037
　二、坚定"两个理想"　041
　二、革命理想高于天　044
　四、政治坚定离不开理论清醒　050

第四章　江河万里总有源　059
　一、苏共政治方向错乱的深刻教训　061
　二、近代中国民族与国家双重危机的到来　064
　三、从"开天辟地"到"改天换地"　075

四、改革开放是一次伟大的觉醒　　079

　　五、走好新时代的改革开放之路　　090

　　六、深刻理解"中国之治"的有效性　　093

第五章　民心是最大的政治　　099

　　一、坚守马克思主义关于人民立场的思想　　102

　　二、中国共产党的人民观　　104

　　三、体现人民意志，激发人民创造　　115

　　四、充分发挥人民当家作主制度体系的显著优势　　119

　　五、接受人民监督，让权力在阳光下运行　　123

　　六、统一战线：把我们的人搞得多多的　　126

第六章　打铁必须自身硬　　137

　　一、自我革命：跳出治乱兴衰历史周期率的第二个答案　　138

　　二、守纪律，讲规矩，贯彻好民主集中制　　142

　　三、严守纪律规矩必须坚定"两个维护"　　148

第七章　准确把握考准考实干部政治素质的标准　　155

　　一、考准考实干部信念是否坚定　　156

　　二、考准考实干部能否站稳人民立场　　157

　　三、考准考实干部是否胸怀"国之大者"　　158

　　四、考准考实干部是否严守政治纪律　　159

　　五、考准考实干部政治能力是否"过硬"　　160

第一章 百年大党何以年轻

一、百年大党因何风华正茂

一百年在人类社会发展史上只是短暂的一瞬,然而建党百年对历史悠久的中国而言却是沧桑巨变的一百年。这是中国人民根本改变历史命运的一百年,是中华民族迎来伟大复兴光明前景的一百年,是中国为全人类发展作出卓越贡献的一百年[①]。一百多年前,中国共产党成立时只有50多名党员,今天已经成为拥有9600多万名党员、领导着14亿多人口大国、具有重大全球影响力的世界第一大执政党。

习近平总书记指出,"我们党作为百年大党,如何永葆先进性和纯洁性、永葆青春活力,如何永远得到人民拥护和支持,如何实现长期执政,是我们必须回答好、解决好的一个根本性问题"[②]。一百多年前,中华民族呈现在世界面前的是一派衰败凋零的景象。今天,中华民族向世界展现的是一派欣欣向荣的气象,正以不可阻挡的步伐迈向伟大复兴。过去一百多年,中国共产党

---

① 江金权:《中国共产党为什么"能"》,《求是》2021年第14期。
② 《习近平谈治国理政》第3卷,外文出版社2020年版,第529页。

向人民、向历史交出了一份优异的答卷。现在，中国共产党团结带领中国人民又踏上了实现第二个百年奋斗目标新的赶考之路①。

百年大党何以年轻？百年大党何以承担起为中华民族谋复兴、为中国人民谋幸福的历史任务？我们党为什么能够从小到大、从弱到强，为什么能够领导中国人民创造无与伦比的"中国奇迹"？中国共产党为什么能？中国道路为什么行？百年大党因何风华正茂？

国内外许多人都在寻找答案。

一是中国共产党的坚强领导。"中国之治"根源于政党之治。中国共产党的领导与担当是"中国之治"的最基本保证。作为中国革命、建设、改革的领导核心，没有成功的党的建设，就不可能有成功的国家建设，所谓"中国速度"其动力就在于党的引领。

二是中国共产党超凡的适应性。美国《外交》杂志在题为《中国共产党的生命力》文章中指出，中国共产党在其执政历程中，表现出了超凡的适应性和自我纠错能力②。中国共产党适应时势的能力、选贤任能的体制、深植民心的政权合法性，使其能灵活、高效地应对中国的各种问题。

三是中国共产党形成了独特的治理道路。中国有句古话，"橘生淮南则为橘，生于淮北则为枳"。亚里士多德也曾提出，"在一个城邦中最好的政体，在另外一个城邦中可能是最坏的政体"③。民主形式跟本国历史文明基因息息相关。与之不相符或者相冲突的民主形式，轻则导致低效无效治理，重则导致国家动荡乃至分裂。可见，通向民主的道路不止一条，走符合自己国情的道路最为重要。英国剑桥大学教授马丁·雅克指出，

---

① 习近平：《在庆祝中国共产党成立100周年大会上的讲话》，《求是》2021年第14期。
② 参见谭晶晶、王慧慧《中国共产党的"执政密码"——来自全球政党的北京观察》，新华社，2017年12月4日。
③ 亚里士多德：《政治学》，吴寿彭译，商务印书馆1996年版，第171页。

中西方之间最显著的差异莫过于治理体系，事实证明，长期以来被西方轻视的中国治理体系，能够提供比西方民主国家更为多样的选择和更加强大的治理效能①。

四是中国共产党高素质的干部队伍。日本东京大学教授高原明生在《中国共产党的精英干部制度》一文中纵向考察了新中国成立以来干部管理制度的时代变迁。在他看来，新中国成立以来，中国共产党建立了一个广泛的干部网络，为了提高行政效率、公平性和清廉度，中国共产党持续推动了干部制度化和公开化的现代化改革，锻造了越来越有助于达成一致目标的干部群体。长期从事中国政治体制研究的加拿大学者贝淡宁在《中国模式：贤能政治与民主的局限》一书中详细论证了中国"选贤任能、任人唯贤"的体制机制，并将其概括为"贤能政治"②。新加坡学者吕正杨在《中国共产党的领导力：新加坡学者眼中的中国共产党干部选拔和培养》一书中，从理论和实践双重维度对中国共产党推行的领导干部岗位考核责任制进行了详细考察，认为这一制度能够敏锐感知人民愿望和诉求的变化，既增强了中共政权的稳定性又保持了适应变化的灵活性。

五是中国共产党民主集中制的领导组织原则。中国共产党的组织力主要来自民主集中制原则。民主意味着激发社会活力和民众责任感，而集中则主要体现在由中央来进行协同指挥。这并不单单体现在中央与地方关系上，也同样体现在人民代表大会制度的组织方式上。作为一项根本组织原则和领导制度，民主集中制原则赋予我们党强有力的组织力和领导力，这项原则的迭代与进化，则在不断适应形势发展变化中推动国家实现有效治理。

六是中国共产党以人民整体利益为归依的制度优势。与许多西方国

---

① 马丁·雅克：《中国治理体系强大在哪》，《环球时报》2021年5月13日。
② Daniel A.Bell, *The China Model: Political Meritocracy and the Limits of Democracy* (Princeton: Princeton University Press, 2015), pp.63–109.

家的政党不同，中国共产党人的初心和使命，就是为中国人民谋幸福，为中华民族谋复兴。中国共产党不断调整民生工作的力度和深度，中国政府在扫盲、疾控、扶贫等诸多民生领域取得了举世瞩目的成就。斯里兰卡国际商业理事会主席维克勒马纳亚克指出，在过去40年中，中国通过改革开放政策让7亿多人摆脱贫困，这是一件非常了不起的事情。

有学者认为，新中国70多年取得巨大经济发展成就，是因为中国政府是"有为政府"，建立了"有效市场"，发挥了资源禀赋的比较优势和后发优势，大力发展了劳动密集型产业和出口加工贸易；有人认为，是中国抓住了经济全球化的机遇，实行了改革开放，获得了"改革红利"和"开放红利"；有人认为，是由于中国劳动力充足价廉、土地廉价，能够获得"人口红利"和"土地红利"，廉价的劳动力和土地为中国经济的大发展提供了极为有利的条件；有人认为，是中国人勤劳苦干肯学习、"望子成龙"重视教育、大量海外华侨爱国，支持了中国的改革开放、推动了中国经济发展。还有学者认为，中国改革开放成功是由于"共产党加市场经济"，是"地方政府竞争造就了中国奇迹"；甚至有人认为，是因为中国以西方经济学为指导，实行经济私有化、市场化、自由化、开放化的结果。

百年大党因何风华正茂、怎样永远年轻？对这一重大问题，《中共中央关于党的百年奋斗重大成就和历史经验的决议》（以下简称《历史决议》，是党的第三个历史决议）总结了一百年来积累的宝贵历史经验，包括"坚持党的领导，坚持人民至上，坚持理论创新，坚持独立自主，坚持中国道路，坚持胸怀天下，坚持开拓创新，坚持敢于斗争，坚持统一战线，坚持自我革命"[①]。在《历史决议》中，对于这十个方面的成功经验进行了高度概括和评价，认为这十个方面是党和人民共同创造的精神财富，

---

① 《中国共产党第十九届中央委员会第六次全体会议公报》，人民出版社2021年版，第15页。

必须倍加珍惜、长期坚持，并在新时代实践中不断丰富和发展①。

二、政治能力建设是百年大党永葆青春的制胜法宝

马克思和恩格斯在分析欧洲现代国家伴随资本主义发展而崛起时，就特别强调政治上的成功在此过程中的重要性。马克思和恩格斯在《共产党宣言》中写道："资产阶级的这种发展的每一个阶段，都伴随着相应的政治上的进展。"②在机器大工业和世界市场提供的强大支援下，"资产阶级日甚一日地消灭生产资料、财产和人口的分散状态。它使人口密集起来，使生产资料集中起来，使财产聚集在少数人的手里。由此必然产生的结果就是政治的集中。各自独立的、几乎只有同盟关系的、各有不同利益、不同法律、不同政府、不同关税的各个地方，现在已经结合为一个拥有统一的政府、统一的法律、统一的民族阶级利益和统一的关税的统一的民族"③。资本主义在全球范围内的扩张以及繁荣，是同实现了政治集中和权力统一的现代民族国家的发展紧密关联在一起的④。罗伯特·杰克曼在讨论民族国家的政治发展问题时就指出，发展中国家要实现持续政治发展就必须将政治能力建设作为核心议题。他认为政治就是解决冲突的过程，所以政治能力自然意味着政治权威，解决冲突能力，制度化和合法性的要素⑤。

进入新时代，以习近平同志为核心的党中央把党的政治建设摆在更加突出位置，加大力度抓，形成了鲜明的政治导向，消除了党内严重政

---

① 《中共中央关于党的百年奋斗重大成就和历史经验的决议》，人民出版社2021年版，第71页。
② 《马克思恩格斯文集》第2卷，人民出版社2009年版，第33页。
③ 《马克思恩格斯文集》第2卷，人民出版社2009年版，第36页
④ 汪仕凯：《政治体制能力——一个解释国家治理兴衰的分析框架》，《学术月刊》2021年第10期。
⑤ 罗伯特·杰克曼：《不需要暴力的权力：民族国家的政治能力》，欧阳景根译，天津人民出版社2005年版，第11页。

治隐患，推动党的政治建设取得重大历史性成就。在庆祝中国共产党成立100周年大会上，习近平总书记强调，"以党的政治建设为统领，继续推进新时代党的建设新的伟大工程"。习近平总书记关于加强党的政治建设提出的一系列新思想新观点新论断，深刻回答了新时代为什么要加强党的政治建设、怎样加强党的政治建设等重大理论和实践问题，把我们党对自身建设规律的认识提到了新高度，为发展马克思主义党建理论作出了原创性、时代性贡献，是新征程上以党的政治建设为统领、继续推进新时代党的建设新的伟大工程和全面从严治党向纵深发展的科学指导和行动指南。

政治能力包括政治权威的执政能力和社会的支持能力。中国共产党之所以善于以弱胜强、敢于以小博大，能够不断取得胜利，归根结底和自身在推进社会革命中不断注重自我革命、强化政治建设、养成众多优良传统有关。其中，提高领导干部政治能力就是我们党的优良传统之一，是我们党和很多政党之间的重要区别。

（一）政治能力提供政治价值认同

政治能力提供政治价值认同，形成自觉认同，坚定信念、对党忠诚，善于把讲政治转化为组织优势，把讲政治和实际工作有力地结合起来。作为党治国理政的一个独特优势，中国共产党在每一历史时期所承担的政治使命、确立的执政目标通过党的政治建设转化为一项项明确的政治要求，从而使其实现了明晰化、具体化，将党的领导、党的建设与党的事业有机统一起来，为党所领导的伟大事业提供正确政治方向。中国产生了共产党，这是开天辟地的大事变，揭开了中国历史的新篇章，揭开了中华民族伟大复兴进程的新篇章。中国共产党一经诞生，就把为中国人民谋幸福、为中华民族谋复兴确立为自己的初心使命。[1]早在1929年12月，毛泽东在给古田会议起草的决议中就规定了新分子的入党条件。其中，前两条"（1）政治观念没有错误的（包括阶级觉悟）；（2）忠实"[2]都与党的政治建设有关。旗帜鲜明讲政治是我们党作为马克思主义政党的根本要求。在革命、建设、改革各个时期，我们党都高度重视党的政治建设，形成了讲政治的优良传统。中国共产党作为一个马克思主义政党，有着自己特殊的政治纲领、政治路线、政治方略、政治生活、政治文化、政治纪律和政治生态等，是围绕自己的政治纲领、按照自己的政治路线、为实现自己的政治目标而组织起来的马克思主义政党。可以说，政治能力建设是贯穿于中国共产党百年以来加强自身建设的探索轨迹中表现出来的基本特性。党的自身建设通过党的政治能力建设等一系列举措实现了规范化、政治化，确保党的政治本色和运行状态实然和应然的有机统一，从根本上保证党能够在任何执政条件下不变质、不变色、不变味。

（二）政治能力形成坚强的政治权威

中国共产党屡经磨难，能够在绝境中再逢新生、凤凰涅槃，一条根本经验，就是由于党形成了政治权威和最坚强的领导核心。1954年9月15日，第一届全国人民代表大会第一次会议在中南海怀仁堂隆重开幕。毛泽东同志致开幕词时明确提出："领导我们事业的核心力量是中国共产党。"[3]从"没有共产党就没有新中国"到"领导我们事业的核心力量是中国共产党"，这既是历史的选择又是人民的选择；不仅是中国共产党领导革命取得胜利的结果，也是党领导全国人民在社会主义建设和实践中确

---

[1] 习近平：《在庆祝中国共产党成立100周年大会上的讲话》，人民出版社2021年版，第3页.
[2] 《毛泽东文集》第1卷，人民出版社1993年版，第90页。
[3] 中国人民解放军总政治部：《毛泽东同志论政治工作》，人民出版社1964年版，第10页。

立起来的。我们党百年的历史进程是一部不断通过提高政治能力，形成坚定政治权威的过程。

1954年2月6日至10日，党的七届四中全会召开。这一时期，党的工作得到了巨大的成绩，抗美援朝战争取得伟大胜利，西藏和平解放，土地改革、镇压反革命、对知识分子的思想改造、"三反""五反"运动及其他一系列的社会各方面民主改革都取得了胜利。这些胜利和成就，使中国共产党在人民中树立了极高的威信，以毛泽东同志为首的党中央成为全党坚固团结的核心。党的七届四中全会通过决议正式批准了党在过渡时期的总路线，要把我们的国家改造和建设成为一个社会主义国家。这样的任务，比之过去反对帝国主义、封建主义和官僚资本主义的革命，具有更加深刻和更加广泛的性质，并包含着极复杂极尖锐的斗争。但这时，一部分干部甚至某些高级干部，滋长着一种极端危险的骄傲情绪。他们因为工作中的若干成绩就被冲昏了头脑，忘记了共产党员所必须具有的谦逊态度和自我批评精神，夸大个人的作用，强调个人的威信，自以为天下第一，只能听人奉承赞扬，不能受人批评监督，对批评者实行压制和报复，甚至把自己所领导的地区和部门看作个人的资本和独立王国。这种骄傲情绪和个人主义恶劣倾向的发展，如果党不予以及时的制止，必然会走到与党对抗，破坏党的团结，导致党的分裂。

党的七届四中全会特别注意的是，怎样来保证过渡时期总路线这个任务的实现。全会一致认为：党的坚固的团结是党在过去所以取得胜利的根本原因，在今后，为了在极复杂极尖锐的斗争中取得胜利，实现我们国家的社会主义建设和社会主义改造，只有依靠党的领导，依靠党在马克思列宁主义基础上的坚固团结。全会认为中央政治局根据毛泽东同志的建议而提出的"关于增强党的团结的决议"，是适时的，是在党的政治生活中具有重大历史意义的文件。《关于增强党的团结的决议》指出，

"党的团结的唯一中心是党的中央"①。毛泽东同志强调,"工、农、商、学、兵、政、党这七个方面,党是领导一切的"②,"必须有中央的强有力的统一领导,必须有全国的统一计划和统一纪律"③。1958年1月的南宁会议上,毛泽东同志提出:"大权独揽,小权分散;中央决定,各方去办。办也有决,不离原则;工作检查,中央有责。"④具体而言,大政方针和总体部署在党中央,具体执行和细节决策属政府机构及其党组。对于大政方针及总体部署,政府机构及其党组有建议之权,但决定权在党中央⑤。

政治权威是因社会成员自愿认同政治权力而形成的一种积极的权力关系。政治权威既涉及政治权力主体所拥有的将自己意志单方面地贯彻给权力客体的效度,又必须以社会成员自愿自觉地认同与服从为其前提特征。对于政治权威的服从和认同是政治能力提升的重要表现。提高政治能力能够形成坚强的政治权威。中国共产党要带领人民成功应对重大挑战、抵御重大风险、克服重大阻力、化解重大矛盾、解决重大问题,必须拥有一个具有崇高威望的党的核心和具有高度政治权威的党中央,才能把全党全国人民的思想意志、智慧力量凝聚起来,万众一心、勠力奋斗,朝着共同的奋斗目标奋勇前进。

(三)政治能力形成组织整体合力,提升政策执行力

提高各级各类组织和党员干部的政治能力,能够进一步增强党组织政治功能,彰显国家机关政治属性,发挥群团组织政治作用,强化国有企事业单位政治导向,能够形成组织整体政治合力,提升政策执行力。

---

① 中共中央文献研究室编《建国以来重要文献选编》第5册,中央文献出版社1993年版,第129页。
② 《毛泽东文集》第8卷,人民出版社1999年版,第305页。
③ 《毛泽东文集》第7卷,人民出版社1999年版,第32页。
④ 中共中央文献研究室编《毛泽东年谱(一九四九—一九七六)》第3卷,中央文献出版社2013年版,第266页。
⑤ 刘峰:《领导哲学》,国家行政学院出版社2015年版,第67页。

党的力量来自组织。政治属性是党组织的根本属性，政治功能是党组织的基本功能。政治能力能够通过使所有党组织和全体党员牢固树立"一盘棋"的意识，在党中央集中统一领导下齐心协力、步调一致开展工作，形成党的组织体系整体合力。党中央是党的最高领导机关，是党的组织体系的大脑和中枢，对党和国家事业发展重大工作实行集中统一领导。

党中央在涉及全党全国性的重大方针政策问题上作出决定和解释。地方党委在党中央和上级党委领导下，全面领导本地区经济社会发展，全面负责本地区党的建设，坚决纠正党的领导弱化、党的建设缺失、全面从严治党不力问题。党的基层组织着力提升组织力，突出政治功能、强化政治引领，下大气力解决软弱涣散问题。党支部担负着直接教育党员、管理党员、监督党员和组织群众、宣传群众、凝聚群众、服务群众的职责，发挥战斗堡垒作用。党组在本部门本单位发挥把方向、管大局、保落实的重要作用，确保党中央和上级党组织决策部署在本部门本单位贯彻落实。党的各级纪委要进一步强化党内监督专责机关的职能定位，全面监督执纪问责，坚决维护党章党规党纪的严肃性和权威性。党的工作机关要更好发挥党委参谋助手作用，提高履职尽责的政治性和有效性，力求参当其时、谋当其用，更好服务党委决策、抓好决策落实。

政治能力还有助于国家机关、群团组织和国有企业彰显政治属性。中央和地方各级人大机关、行政机关、政协机关、监察机关、审判机关、检察机关本质上都是政治机关，要始终坚持在党的领导下依法实施经济社会管理活动，坚决贯彻落实党的基本理论、基本路线、基本方略，将党的领导主张和重大决策部署转化为法律法规和政策政令，转化为对经济社会管理的部署安排和工作活动，转化为领导体制、工作机制和管理方式方法创新，转化为推动经济社会发展的实际效果。工会、共青团、妇联等群团组织是党领导下的政治组织,政治性是群团组织的灵魂。政治能力建设能够更好发挥联系人民群众的桥梁和纽带作用,加大政治动员、政治引领、政治教育工作力度,更好承担起引导群众听党话、跟党走的政治任务,把自己联系的群众最广泛最紧密地团结在党的周围,不折不扣落实党中央关于群团改革的决策部署,切实增强群团组织的政治性、先进性、群众性。

(四)政治能力保障国家治理水平的不断改善

中国特色社会主义制度是在党的百年奋斗历程中孕育、形成和发展起来的,它根植于中国大地,蕴含着中华民族五千多年优秀文化的积淀,承载着世界先进文明的理念,具有深厚的历史、文化和理论根基,实现我国社会制度与治理的有机统一是实现国家治理现代化的关键,必须立足中国历史、文化、现实等实际情况。政治能力建设要紧紧围绕坚持和完善中国特色社会主义制度这个主要目标,紧紧把握推进国家治理体系和治理能力现代化这个主轴,时刻把准方向,牢牢盯住制度和治理能力建设这个靶心,全面深化改革,促进体制机制建设,推动各方面制度更加成熟更加定型,推进国家治理现代化。

国家治理指向的范畴包括政治、经济、社会、文化、军事等多重领域,而这些领域本身所要解决的问题具有高度复杂性。面对这些问题集,治理者往往寄希望于"理性主义",依赖充分的信息,精确选择拟解决问题的最佳途径,政策规范能够在官僚体系中准确地传导,下级可以负责而忠实地执行政策,并且还能够运用科学的分析方法评估政策效果等。然而,"有限理性"和"不充分信息"却时刻伴随着"自上而下"的治理过程,"自下而上"的回应过程,以及资源配置的科学性。处于这种"模糊性"的信息处理情境是难以避免的,也会导致治理主体不同的行动策略，形成政策过程的不确定性①。

政治能力建设就是通过对一系列妨碍性的结构性问题的解决，以维护公共秩序、增进公共利益、改善公民权利为基本目标。如果说国家治理的实际水平和改善空间是由政治能力的强弱决定的，强大的政治能力将保障国家治理水平的不断提高，正是由政治能力将国家治理的积极承诺变成现实，那么政治能力同样具有了积极承诺的内涵。国家治理现代化理论建构是在遵循辩证唯物主义与历史唯物主义基本原理基础上，对国家治理何以协同治理主体力量、优化治理制度、提高治理效能的系统性理论设计，旨在为"国家"与"治理"有效兼容的内在机理提供有说服力的理论诠释。

（五）政治能力更好地把群众路线贯彻到治国理政的全过程中

人民历史主体论，是社会主义国家理论的立论基础。经典马克思主义作家在揭露与批判资本主义民主的空洞性基础上，通过革命性重构将人民意志注入国家机器之中，社会主义国家的人民性因此得以完整呈现。这就是国家治理现代化专注于坚持和完善中国特色社会主义制度的逻辑原点。提高政治能力能够使党的群众路线不断落实到党治国理政的伟大实践中，加强从政治的高度深刻认识密切联系群众的重要性。群众路线是我们党始终坚持的根本工作方法，是干事创业的人间正道。任何时候任何情况下与人民群众同呼吸共命运的立场不能变，全心全意为人民服务的宗旨不能忘，坚信群众是真正英雄的历史唯物主义观点不能丢。

政治能力能够更好地把群众路线贯彻到治国理政的全过程中，更加主动回应新时代社会主要矛盾转化，化解风险，破解难题和应对挑战。

---

① 宋雄伟、张翔、张婧婧：《国家治理的复杂性：逻辑维度与中国叙事——基于"情境–理论–工具"的分析框架》，《中国行政管理》2019年第10期。

人民美好生活需要的多样化和差异化，意味着人民对生活的定义已经从趋同化的功能性消费需求，转入个性化、差异化乃至异质化的消费需求。新的赶考之路上，坚持一切为了群众，一切依靠群众，从群众中来，到群众中去，把党的正确主张变为群众的自觉行动，把群众路线贯彻到党治国理政全部活动之中。加强政治能力建设，认真贯彻党的群众路线，使群众路线融入经济社会发展全过程，贯穿党的全部工作中，让我们党始终做到善于通过提出并贯彻正确的理论和路线方针政策带领人民前进，善于从人民的实践创造和发展要求中完善政策主张，善于从群众中寻找解决问题的方案和办法，使作出的决策和决策的执行充分体现民心民意。

历史和实践都充分表明，当我们党旗帜鲜明讲政治，党的全面领导坚持得彻底时，党和人民事业就会顺利推进；当党的全面领导被削弱时，党和人民事业就会走弯路甚至遭受挫折。习近平总书记强调："讲政治，是我们党补钙壮骨、强身健体的根本保证，是我们党培养自我革命勇气、增强自我净化能力、提高排毒杀菌政治免疫力的根本途径。"[1]正是因为旗帜鲜明讲政治，我们党才始终保持政治上的先进性。"如果马克思主义政党政治上的先进性丧失了，党的先进性和纯洁性就无从谈起。这就是我们把党的政治建设作为党的根本性建设的道理所在。"[2]

---

[1] 中共中央党史和文献研究院、中央"不忘初心、牢记使命"主题教育领导小组办公室编《习近平关于"不忘初心、牢记使命"论述摘编》，党建读物出版社、中央文献出版社2019年版，第107页。
[2] 《习近平谈治国理政》第3卷，外文出版社2020年版，第91页。

第二章 长风破浪会有时

> 行路难,行路难,多歧路,今安在?
> 长风破浪会有时,直挂云帆济沧海。
>
> ——李白《行路难》

> 为有牺牲多壮志,敢教日月换新天。
>
> ——毛泽东《七律·到韶山》

领导干部和一般干部有什么区别呢?最主要的区别就是领导干部要善于从全局和总体的发展中综合地认识问题和解决问题。2018年6月29日,习近平总书记在主持十九届中央政治局第六次集体学习时讲道:"党的政治建设落实到干部队伍建设上,就要不断提高各级领导干部特别是高级干部把握方向、把握大势、把握全局的能力,辨别政治是非、保持政治定力、驾驭政治局面、防范政治风险的能力。提高政治能力,很重要的一条就是要善于从政治上分析问题、解决问题。只有从政治上分析问题才能看清本质,只有从政治上解决问题才能抓住根本。各级领导干部特别是高级干部要炼就一双政治慧眼,不畏浮云遮望眼,切实担负起党和人民赋予的政治责任。"①

---

① 中共中央党史和文献研究院编《十九大以来重要文献选编》(上),中央文献出版社2019年版,第541页。

分析形势进而明确任务，是我们党的优点和特点。对形势作出科学判断为制定方针、描绘蓝图提供依据，也使全党同志增强忧患意识，做到居安思危、知危图安。在党的七大上，毛泽东同志说了这样一段话："坐在指挥台上，如果什么也看不见，就不能叫领导。坐在指挥台上，只看见地平线上已经出现的大量的普遍的东西，那是平平常常的，也不能算领导。只有当着还没有出现大量的明显的东西的时候，当桅杆顶刚刚露出的时候，就能看出这是要发展成为大量的普遍的东西，并能掌握住它，这才叫领导。"[1]把握大势和全局是我们党员领导干部和各级各类组织提高政治能力的必然要求。

1938年5月26日至6月3日，毛泽东同志在延安抗日战争研究会上以《论持久战》为题，发表了热情洋溢的长篇演讲。毛泽东同志在总结抗日战争初期经验的基础上，针对国民党内一部分人的"中国必亡论"和"中国速胜论"，以及中国共产党内一部分人轻视游击战的倾向，系统地阐述了中国实行持久战的必要性。毛泽东同志说，抗日战争是持久战，得道多助，失道寡助，最后的胜利一定是中国的。《论持久战》全文5万多字，深刻地分析了中日双方的形势，科学地预见抗日战争将经过战略防御、战略相持、战略反攻三个阶段，还强调"兵民是胜利之本"[2]，只要动员全国老百姓，就会让敌人陷入人民战争的汪洋大海。1938年9月，周恩来同志作为国民政府军事委员会政治部副部长到武汉视察抗战宣传工作，在那里作了一场关于当前形势与任务的报告，深入地阐述了《论持久战》的军事思想以及挺进敌后开展游击战的重要性。这场报告让在场的爱国诗人赵启海和作曲家冼星海深受启发，随后合作创作的著名抗日歌曲《到敌人后方去》，迅速传遍大江南北。而《论持久战》，也以其强大的思想

---

[1] 中共中央文献研究室、中央档案馆编《建党以来重要文献选编（一九二一——一九四九）》第22册，中央文献出版社2011年版，第505页。
[2]《毛泽东军事文集》第2卷，军事科学出版社、中央文献出版社1993年版，第305页。

力和预见性，极大地坚定了全国人民抗战到底的信心和决心。

《论持久战》代表着中国共产党在历史上重视总结与运用历史经验，善于把握历史发展规律和大势，从中找到前进的正确方向和正确道路的特质。在革命、建设、改革各个历史时期，中国共产党都善于把握历史发展规律和大势，正确认识党和人民事业所处的历史方位和发展阶段，以此作为明确阶段性中心任务、制定路线方针政策的基本依据。1980年1月16日，邓小平同志在《目前的形势和任务》中提出20世纪80年代要做的"三件大事"和现代化建设必须具备的"四个前提"。三件大事是：在国际事务中反对霸权主义，维护世界和平；台湾回归祖国，实现祖国统一；加紧经济建设。这三件事的核心是现代化建设。四个前提是：第一，要有一条坚定不移的、贯彻始终的政治路线；第二，要有一个安定团结的政治局面；第三，要有一股艰苦奋斗的创业精神；第四，要有一支坚持走社会主义道路的、具有专业知识和能力的干部队伍[①]。

人类历史有其发展的大逻辑。一百多年来，党在历史前进的逻辑中前进，在时代发展的潮流中发展，因势而谋、应势而动、顺势而为，掌握了历史主动。中国共产党的诞生，新中国的成立，改革开放的实行，都是顺应世界发展大势的结果。改革开放后，党把握和平与发展时代主题，加快推进改革开放和现代化建设；紧紧抓住世界科技迅猛发展机遇，提出"科学技术是第一生产力"的重要论断，集全国之力实施"863"计划、"973"计划、国家重点研发计划等一系列科技计划，极大推动了原始创新能力提升和高技术及其产业发展；顺应经济全球化趋势，实施一系列对外开放重大举措，创办经济特区，开发开放上海浦东，实施"引进来""走出去"战略，加入世界贸易组织，推动中国经济融入世界。进入新世纪，党抓住21世纪头20年的重要战略机遇期，集中精力，加快

---

① 《邓小平文选》第2卷，人民出版社1994年版，第248页。

发展。

进入新时代，中国共产党把握世界大势，进一步抓住和用好历史机遇，统筹中华民族伟大复兴战略全局和世界百年未有之大变局，作出"中国发展仍处于重要战略机遇期""机遇和挑战之大都前所未有，总体上机遇大于挑战"的战略判断，顺应和平、发展、合作、共赢的时代潮流，顺应世界多极化和国际关系民主化大势，顺应经济全球化大势，对内贯彻新发展理念、推进高质量发展、构建新发展格局，对外实行高水平开放，实施更大范围、更宽领域、更深层次的全面开放，促进合作共赢，在更好发展自己的同时更好向世界作出贡献。

一、世界百年未有之大变局

世界百年未有之大变局，不是一时一事、一域一国之变，而是世界之变、时代之变、历史之变。从今往后这30年，是实现中华民族伟大复兴的攻坚冲刺阶段，也是民族复兴进程中"船到中流浪更急、人到半山路更陡"的阶段。要确保民族复兴大业能够逢山开路、遇水架桥，不断从胜利走向新的胜利。

（一）国际力量对比深刻调整

世界百年未有之大变局，最突出的特点是"东升西降"。新兴市场国家和发展中国家过去20年来对世界经济增长的贡献率高达80%，发达国家主导的国际政治经济秩序已经越来越不适应国际关系新的现实。一批新兴经济体和发展中国家群体性崛起，世界经济中心和全球权力中心从大西洋两岸向亚太地区转移。这是近代以来最具革命性、历史性的重大变化，也是世界历史500年来最大也最重要的全球权力转移。推动这个演变的主要力量，是中国经济持续快速发展，是中华民族伟大复兴不断向前推进①。

大国博弈更加激烈，新冠病毒疫情全球大流行加剧了大变局的演变，国际经济、科技、文化、安全、政治等格局都在发生深刻调整，世界秩序加快从旧秩序向新秩序切换，世界业已进入动荡变革期。2016年，英国民众通过公投决定脱离欧盟，美国选民则选择了唐纳德·特朗普为美国总统。冷战后国际秩序的主要建设者和维护者都对过去40年盛行的新自由主义选择转身而去。英国人要重新筑起欧盟拆掉的国家边界；而打着"美国第一"旗号入主白宫的特朗普则是一个超级"筑墙者"，之后的总统拜登则利用"民主与威权"对立的意识形态工具，以及系统对华法案来统领对中国的竞争。

从世界百年未有之大变局本身来看，其间最大的变化就是以中国为代表的新兴市场国家和发展中国家群体性崛起，这从根本上改变了国际力量对比。而中国的崛起则成为大变局中最大的变量，成为引领大变局方向、影响人类共同命运最重要的因素。同时，中国特色社会主义制度无论是在平时还是在紧急状态下都展现出显著的优势，中国不仅经济社会发展走在世界前列，而且在科技进步上也有着优异的成绩。

从国际产业分工上看，中国经济对世界分工体系的影响更大。一方面，中国大力推动产业升级，从工业大国向工业强国转变，中国企业开始深度参与高尖端产业领域，比如新能源技术、电子通信、半导体、互联网、人工智能等。另一方面，中国近年来推动共建"一带一路"、亚洲基础设施投资银行、金砖国家银行等，加大对外投资，推动人民币国际化，同时加大进口，举办国际进口博览会，表明中国正在成长为"世界市场"。中国在"世界工厂"的基础上向"世界研发中心""世界市场"乃

---

① 何毅亭：《民族复兴与百年变局》，《学习时报》2021年4月14日。

至"世界银行"的分工角色迈进。中国扩大全球金融投资,中国对美国从双重输出转变为全球竞争。这种对现有世界经济体系的冲击必然会招致很多现有国际经济体系既得利益者的反对。

此外,美国斯坦福大学胡佛研究院发布的《优势变成劣势:数字世界如何影响美国的国际关系》[①]明确指出:随着大规模外部网络袭击,让美国政界逐渐意识到,美国的数字、科技开放性也会成为美国的一个软肋。而下一波以AI深度学习和5G为核心的科技浪潮更具有颠覆性。在此之上,最让美国方面担心的是,中国在这一波浪潮中颇有着后来者居上的势头。美国的科技战略研究者清晰地发现中国科技创新的生命力之强,特别是互联网通过商业模式的大规模创新驱动了中国通信基础设施领先世界,而国家大规模在数字经济的投入形成了世界最大的数字经济体。而这一切,却是建立在主要以欧美科技研发的半导体和基础工业软件等底层技术以及美国公司的创新产品之上,这让长期领先世界的美国科技界及商界如坐针毡。华盛顿已经很清醒地认识到:科学技术已经不再具备中立的角色,也不再是一个市场范围内的概念,这是一个国家间竞争的关键领域。如果单纯留给市场,国家安全很快会成为隐忧。这种科技民族主义的思想很快就在华盛顿生根,并且逐渐成为跨越党派的新共识。

(二)经济全球化遭遇逆流

新冠病毒疫情进一步推动全球产业布局向区域化发展,经济全球化势头将有所减弱。美国频繁"毁约""退群",已经并将进一步加剧现有国际治理体系危机,加深国际治理体系"碎片化",国际环境日趋复杂。人们看到,大国战略竞争和关系分化重组十分激烈复杂。美国面临种族

---

① 宋欣:《中国如何有效应对美欧对华脱钩、遏制和制裁?》,节选自《中国全球战略研究报告》,掌柜智库,2022年5月29日。

矛盾激化、贫富差距扩大、社会撕裂加深、政治极化加重等多重危机并发的局面,单极霸权时代结束,实力相对下降态势越发明显,维护其全球领导地位力不从心。

欧盟接续遭受债务危机、大规模难民危机、恐怖主义危机等的连环冲击,内部一体化受阻、分化加重、矛盾凸显,推进共同防务和外交困难重重,欧洲统一进程步履维艰。英国"脱欧"导致政治、经济、社会的纠结跌宕,宣称要通过一系列经济、外交、军事重大举措防止国际地位下滑,但是前景不明。德国经济亮色也开始减弱,政治重组加快,安全形势恶化,"后默克尔时代"已经开启。法国马克龙政府改革受阻,恐怖主义袭击阴霾不散,与穆斯林围绕"法兰西价值观"之争加剧。

习近平总书记指出:"中国的发展是世界的机遇,中国是经济全球化的受益者,更是贡献者。"[1]改革开放以来,我们抓住经济全球化带来的机遇,不断扩大对外开放,实现了我国同世界关系的历史性变革。快速发展的中国给世界各国带来了巨大发展机遇,已经成为世界经济增长的重要引擎,被认为是世界上推动贸易和投资自由化便利化的最大旗手。中国是推进经济全球化的坚定力量。中国将与各国以及国际组织携手,努力形成更加包容的全球治理、更加有效的多边机制、更加积极的区域合作,共同把全球市场的"蛋糕"做大、把全球共享的机制做实、把全球合作的方式做活,推动经济全球化朝着更加开放、包容、普惠、平衡、共赢的方向发展。

面对经济全球化的大势,像鸵鸟一样把头埋在沙里假装看不见,或像堂吉诃德一样挥舞长矛加以抵制,都违背了历史规律。那些逆全球化的"回头浪",尽管激起了几朵浪花,但阻挡不了世界经济发展的脚步,阻挡不了经济全球化的大潮。我们要站在历史正确的一边,同全球伙伴

---

[1] 《习近平谈治国理政》第2卷,外文出版社2017年版,第484页。

携起手来，共同努力、通力合作，在共建创新包容的开放型世界经济中开创人类更加美好的未来！

（三）新一轮科技革命和产业变革深入发展

当前，新一轮科技革命和产业变革深入发展，比较有代表性的技术包括人工智能、大数据、5G、云计算、物联网、量子通信与计算、可控核聚变等。这一轮科技革命有望将人类社会和工业生产带入智能时代。此次科技革命中，中国在很多技术领域与美国等西方发达国家不相上下，甚至在量子通信、可控核聚变等领域业已领先。习近平总书记强调："当今世界正经历百年未有之大变局，科技创新是其中一个关键变量。"[①]科技革命正在推动世界经济结构、产业结构、国际分工发生深刻变革，新经济、新模式迅猛发展，全球产业链、供应链、创新链、价值链发生深刻重组。

正如习近平总书记2022年在金砖国家工商论坛开幕式上讲的："当前，世界百年变局和世纪疫情相互交织，各种安全挑战层出不穷，世界经济复苏步履维艰，全球发展遭遇严重挫折。世界向何处去？和平还是战争？发展还是衰退？开放还是封闭？合作还是对抗？是摆在我们面前的时代之问。""历史长河时而风平浪静，时而波涛汹涌，但总会奔涌向前。尽管国际形势风云变幻，但开放发展的历史大势不会变，携手合作、共迎挑战的愿望也不会变。我们要不畏浮云遮望眼，准确认识历史发展规律，不为一时一事所惑，不为风险所惧，勇敢面对挑战，向着构建人类命运共同体的目标勇毅前行。"[②]要善于在危机中育先机、于变局中开新局，抓住机遇，应对挑战，趋利避害，奋勇前进。

---

① 《深刻认识推进量子科技发展重大意义 加强量子科技发展战略谋划和系统布局》，《人民日报》2020年10月18日。
② 习近平：《把握时代潮流 缔造光明未来——在金砖国家工商论坛开幕式上的主旨演讲》，《光明日报》2022年6月23日。

二、中国特色社会主义焕发出强大的生机活力

20世纪80年代末,美籍日裔学者弗朗西斯·福山提出了所谓"历史终结论",把冷战结束看作"历史终结"[①]。然而,中国的飞速发展已经证明,源于西方中心主义的"历史终结论"存在严重误判。"历史没有终结","社会主义没有失败","中国更没有崩溃"。改革开放以来,我们党发出了走自己的路、建设中国特色社会主义的伟大号召。从那时以来,我们党团结带领全国各族人民不懈奋斗,推动我国经济实力、科技实力、国防实力、综合国力进入世界前列,推动我国国际地位实现前所未有的提升,党的面貌、国家的面貌、人民的面貌、军队的面貌、中华民族的面貌发生了前所未有的变化,中华民族正以崭新姿态屹立于世界的东方。中国特色社会主义是改革开放以来党的全部理论和实践的主题,焕发出了强大的生机活力。中国特色社会主义进入新时代,在中华人民共和国发展史上、中华民族发展史上具有重大意义,在世界社会主义发展史上、人类社会发展史上也具有重大意义。中国特色社会主义焕发出强大的生机活力具有三个伟大的意义。

(一)迎来了实现中华民族伟大复兴的光明前景

近代以来久经磨难的中华民族迎来了从站起来、富起来到强起来的伟大飞跃,迎来了实现中华民族伟大复兴的光明前景。"雄关漫道真如铁,而今迈步从头越。"在中国特色社会主义道路上实现中华民族伟大复兴,是一代又一代中国共产党人带领人民接续奋斗的光辉历程。经过几代人的长期努力,第一个百年奋斗目标全面建成小康社会取得决定性成就。

---

① 弗朗西斯·福山:《历史的终结及最后之人》,黄胜强译,中国社会科学出版社2003年版,第25页。

2021年7月1日，习近平总书记在庆祝中国共产党成立100周年大会上庄严宣告："经过全党全国各族人民持续奋斗，我们实现了第一个百年奋斗目标，在中华大地上全面建成了小康社会，历史性地解决了绝对贫困问题，正在意气风发向着全面建成社会主义现代化强国的第二个百年奋斗目标迈进。这是中华民族的伟大光荣！这是中国人民的伟大光荣！这是中国共产党的伟大光荣！"[1]全面建成小康社会，实现了中华民族的千年梦想、百年夙愿，兑现了中国共产党向人民、向历史作出的庄严承诺，显著缩小了世界贫困版图，为人类发展进步作出重要贡献。

作为马克思主义政党，中国共产党摆脱了以往一切政治力量追求自身特殊利益的局限，一经诞生就把为中国人民谋幸福、为中华民族谋复兴确立为自己的初心使命。它像光芒四射的灯塔，指明了中国人民前进的道路和方向。中国共产党团结带领中国人民，浴血奋战、百折不挠，创造了新民主主义革命的伟大成就。党团结带领人民，经过北伐战争、土地革命战争、抗日战争、解放战争，以武装的革命反对武装的反革命，推翻帝国主义、封建主义、官僚资本主义三座大山，建立了人民当家作主的中华人民共和国，实现了民族独立、人民解放。新民主主义革命的胜利，彻底结束了旧中国半殖民地半封建社会的历史，彻底结束了旧中国一盘散沙的局面，彻底废除了列强强加给中国的不平等条约和帝国主义在中国的一切特权，为实现中华民族伟大复兴创造了根本社会条件。中国共产党和中国人民以英勇顽强的奋斗向世界庄严宣告，中国人民站起来了，中华民族任人宰割、饱受欺凌的时代一去不复返了。

中国共产党团结带领中国人民，自力更生、发愤图强，创造了社会主义革命和建设的伟大成就。党团结带领人民，进行社会主义革命，消灭在中国延续几千年的封建剥削压迫制度，确立社会主义基本制度，推

---

[1] 习近平：《在庆祝中国共产党成立100周年大会上的讲话》，人民出版社2021年版，第2页。

进社会主义建设，战胜帝国主义、霸权主义的颠覆破坏和武装挑衅，实现了中华民族有史以来最为广泛而深刻的社会变革，实现了一穷二白、人口众多的东方大国大步迈进社会主义社会的伟大飞跃，为实现中华民族伟大复兴奠定了根本政治前提和制度基础。中国共产党和中国人民以英勇顽强的奋斗向世界庄严宣告，中国人民不但善于破坏一个旧世界、也善于建设一个新世界，只有社会主义才能救中国，只有社会主义才能发展中国。

中国共产党团结带领中国人民，解放思想、锐意进取，创造了改革开放和社会主义现代化建设的伟大成就。党团结带领人民，实现新中国成立以来党的历史上具有深远意义的伟大转折，确立党在社会主义初级阶段的基本路线，坚定不移推进改革开放，战胜来自各方面的风险挑战，开创、坚持、捍卫、发展中国特色社会主义，实现了从高度集中的计划经济体制到充满活力的社会主义市场经济体制、从封闭半封闭到全方位开放的历史性转变，实现了从生产力相对落后的状况到经济总量跃居世界第二的历史性突破，实现了人民生活从温饱不足到全面建成小康社会的历史性跨越，为实现中华民族伟大复兴提供了充满新的活力的体制保证和快速发展的物质条件。中国共产党和中国人民以英勇顽强的奋斗向世界庄严宣告，改革开放是决定当代中国前途命运的关键一招，中国大踏步赶上了时代。

中国共产党团结带领中国人民，自信自强、守正创新，统揽伟大斗争、伟大工程、伟大事业、伟大梦想，创造了新时代中国特色社会主义的伟大成就。党的十八大以来，中国特色社会主义进入新时代，党团结带领人民，坚持和加强党的全面领导，统筹推进"五位一体"总体布局、协调推进"四个全面"战略布局，坚持和完善中国特色社会主义制度、推进国家治理体系和治理能力现代化，坚持依规治党、形成比较完善的党内法规体系，战胜一系列重大风险挑战，实现第一个百年奋斗目标，明确实现第二个百年奋斗目标的战略安排，党和国家事业取得历史性成就、发生历史性变革，为实现中华民族伟大复兴提供了更为坚实的物质基础、更为完善的制度保证、更为主动的精神力量。中国共产党和中国人民以英勇顽强的奋斗向世界庄严宣告，中华民族迎来了从站起来、富起来到强起来的伟大飞跃，实现中华民族伟大复兴进入了不可逆转的历史进程。

（二）高高举起了中国特色社会主义伟大旗帜

科学社会主义在21世纪的中国焕发出强大生机活力，在世界上高高举起了中国特色社会主义伟大旗帜。《共产党宣言》的发表，标志着社会主义从空想变成科学，实现了人类对世界的本质及其发展变化规律在认识上的飞跃。从此，广大劳动群众有了为改变自身命运而斗争的强大思想武器[①]。从《共产党宣言》问世到现在，世界社会主义发展尽管有起有伏，但马克思主义、科学社会主义跨越时空，始终闪耀着无可比拟的真理之光。社会主义的发展同任何其他事物一样，不是笔直的，也会出现曲折。20世纪80年代末90年代初，苏东剧变，世界社会主义发展骤然转入低潮，震惊了世界。一时间，反共、反社会主义、反马克思主义的势力弹冠相庆，社会主义失败论、马克思主义无用论、历史终结论甚嚣尘上。然而，随着时间推移、历史发展，所有这些论调都破产了。这些论调为何破产？因为导致苏东剧变的原因根本不是马克思主义、科学社会主义不好，恰恰相反，是这些国家的执政党在指导思想和实践方面偏离甚至背离了马克思主义和科学社会主义。

面对世界社会主义遭受重大挫折的严峻形势，越来越多的人在反思

---

① 郑科扬：《让科学社会主义真理之光更加璀璨夺目》，《人民日报》2018年4月26日。

中重新审视历史、思考现实。在这个过程中，最令世人瞩目的是中国实行改革开放，开辟了中国特色社会主义道路，从而取得了无可争辩的骄人成就。同一时期，资本主义世界也在发生变化。2008年国际金融危机以来，人们日益看到中国之治、西方之乱已成为无可否认的事实。特别是党的十八大以来，尽管国际形势更加纷繁复杂，全球经济低迷，但中国不仅保持经济中高速增长，而且成为世界经济复苏的重要引擎，各项建设事业全面协调推进。我国经济建设取得重大成就，全面深化改革取得重大突破，民主法治建设迈出重大步伐，思想文化建设取得重大进展，人民生活不断改善，生态文明建设成效显著，强军兴军开创新局面，港澳台工作取得新进展，全方位外交布局深入展开，全面从严治党成效卓著。一个曾经落后于发达资本主义国家一二百年的东方大国，从新中国成立算起不到80年时间，从改革开放算起40多年时间，竟然发生了如此翻天覆地的深刻变化，这不能不说是中国发展史上的奇迹、社会主义发展史上的奇迹、人类社会发展史上的奇迹。这种奇迹，雄辩地证明了马克思主义、科学社会主义的真理性。

（三）为解决人类问题贡献了中国智慧和中国方案

中国特色社会主义道路、理论、制度、文化不断发展，拓展了发展中国家走向现代化的途径，给世界上那些既希望加快发展又希望保持自身独立性的国家和民族提供了全新选择，为解决人类问题贡献了中国智慧和中国方案。一个国家选择什么样的治理体系，是由这个国家的历史传承、文化传统、经济社会发展水平决定的，是由这个国家的人民决定的。我国今天的国家治理体系，是在我国历史传承、文化传统、经济社会发展的基础上长期发展、渐进改进、内生性演化的结果。美国学者亨廷顿在《变化社会中的政治秩序》一书中说道，"现代性孕育着稳定，而现代化过程却滋生着动乱"①，第三世界国家在摆脱殖民统治、经济发展到一定程度后，却反而出现了大规模的政治动荡，无法很好地平衡政治参与和政治制度化，导致国家建构的失败。西方国家对国家建构的认识大体遵循着"中心－边缘""现代－传统"的二分法逻辑延展开来，把自身国家发展的经验当作"不二法门"，期待发展中国家效仿追随。然而，二战后许多效仿追随西方国家的事实告诉我们，政体类型也许并不是关键，而国家能力则决定着一个国家的建构能否有效完成。新加坡独立后，政治强人李光耀的"铁腕治国"举世闻名②，新加坡在数十年如一日的持续发展中，度过了艰难的转型期，迈入亚洲强国，人民安居乐业。日本同样是在强有力的中央政府主导下完成了资本主义的原始积累，成功实现了国家的现代化。相反，诸如塞拉利昂等非洲国家，国家建构还是一个乌托邦式的梦想；从中东到南亚的大片穆斯林地区也还是处于地缘政治复杂、极端势力失控、部落势力强大以及教派斗争激烈的状态③。

对于中国而言，既不同于西方国家的"国家中心主义"和"社会中心主义"的逻辑，也不同于"先有国家，后有政党"的建构逻辑，在北洋军阀的"丛林规则"和国民党"枪指挥党"的历史轨迹中④，中国共产党最终成为中国国家建构的主导力量，并开启了中国迈向现代化的历史进程。在这个历程中，中国共产党扮演了核心角色，不仅领导中国人民完成了新民主主义革命，建立了新中国，而且开辟了以社会主义为基础的现代国家建设和发展历程，并取得了巨大成就。

这个生机活力表明，一个发展相对落后的东方大国，可以用不太长

---

① 塞缪尔·亨廷顿：《变化社会中的政治秩序》，王冠华等译，生活·读书·新知三联书店1989年版，第40—41页。
② 邓聿文：《李光耀：法治立国的"铁腕"总理》，《老年世界》2015年第4期。
③ 赵鼎新：《中国经济面临的挑战》，思想者网，2017年1月9日。
④ 杨光斌：《中国政治学这十年》，中国社会科学网，2022年8月9日。

的时间改变面貌，走向国强民富、民族振兴，明显壮大了促进世界持久和平与均衡发展的进步力量。还表明，中国不输出自己的发展模式，但不会拒绝在对外交往中相互交流彼此的经验，从理论和实践上为社会主义在当今世界不断发展提供了中国智慧、中国方案、中国力量。

总之，提高政治能力，要求领导干部胸怀中华民族伟大复兴战略全局和世界百年未有之大变局，既要牢牢把握中华民族伟大复兴战略全局不动摇，保持战略定力，坚定不移推进全面建设社会主义现代化国家、实现中华民族伟大复兴的历史进程，又要妥善应对世界百年未有之大变局，把谋事与谋势、谋当下与谋未来统一起来，及时调整战略策略，加强中远期战略谋划，趋利避害、奋发有为，为实现中华民族伟大复兴创造有利的历史机遇和国际环境。

三、深刻认识社会主要矛盾发生变化

"秉纲而目自张，执本而末自从。"毛泽东同志在《矛盾论》中指出："对于矛盾的各种不平衡情况的研究，对于主要的矛盾和非主要的矛盾、主要的矛盾方面和非主要的矛盾方面的研究，成为革命政党正确地决定其政治上和军事上的战略战术方针的重要方法之一，是一切共产党人都应当注意的。"① 人类社会是在矛盾运动中不断向前发展的，社会主要矛盾是各种社会矛盾的主要根源和集中反映，在社会矛盾运动中居于主导地位。矛盾是普遍存在的，在诸多矛盾中敏锐地抓住主要矛盾，在主要矛盾中抓住矛盾的主要方面，围绕分析解决主要矛盾和矛盾的主要方面部署党和国家全局工作，是唯物辩证法的要求，也是我们党自觉运用马克

---

① 中共中央文献研究室、中央档案馆编《建党以来重要文献选编（一九二一——一九四九）》第14册，中央文献出版社2011年版，第456页。

思主义矛盾学说分析解决中国具体问题的一条成功经验。

党的百年奋斗历程告诉我们,党和人民事业能不能沿着正确方向前进,取决于我们能否准确认识和把握社会主要矛盾、确定中心任务。什么时候社会主要矛盾和中心任务判断准确,党和人民事业就顺利发展,否则党和人民事业就会遭受挫折。新民主主义革命时期,党正确分析半殖民地半封建中国的社会矛盾全局,牢牢把握帝国主义与中华民族、封建主义与人民大众这一主要矛盾及其不同时期的具体表现,制定了反帝反封建斗争路线方针政策,取得了新民主主义革命的胜利。社会主义革命和建设时期,党根据党和国家事业发展变化,不断对我国社会主要矛盾作出新的判断,并在此基础上提出党的中心任务,推动党和人民事业不断向前发展。1956年党的八大指出:"我们国内的主要矛盾,已经是人民对于建立先进的工业国的要求同落后的农业国的现实之间的矛盾,已经是人民对于经济文化迅速发展的需要同当前经济文化不能满足人民需要的状况之间的矛盾。"这个论断,是符合当时我国实际的。但是后来发生"左"的错误,背离了党的八大关于我国社会主要矛盾的正确判断。改革开放和社会主义现代化建设新时期,我们党在对历史经验和我国国情作出科学分析的基础上,对党的八大关于社会主要矛盾的提法作了进一步概括,提出我国社会的主要矛盾是"人民日益增长的物质文化需要同落后的社会生产之间的矛盾"[①]。我们党根据这一论断制定和坚持了正确的路线方针政策,推动中国特色社会主义事业取得了巨大成就。

中国特色社会主义进入新时代,我国社会主要矛盾已经转化为人民日益增长的美好生活需要和不平衡不充分的发展之间的矛盾。这一重大政治论断,反映了我国社会发展的客观实际,指明了解决当代中国发展主要问题的根本着力点,丰富发展了马克思主义关于社会矛盾的学说。

---

① 中共中央文献研究室编《社会主义精神文明建设文献选编》,中央文献出版社1996年版,第285页。

发展不平衡，主要指各区域各领域各方面发展不够平衡，存在"一条腿长、一条腿短"的失衡现象，制约了整体发展水平提升。发展不充分，主要指表现在发展质量、创新能力、社会保障、公共服务等方面还存在发展不足的问题，发展的任务仍然很重。重点领域关键环节改革任务仍然艰巨，创新能力不适应高质量发展要求，农业基础还不稳固，城乡区域发展和收入分配差距较大，生态环保任重道远，民生保障存在短板，社会治理还有弱项。这些短板和不足，既有长期想解决但还没有解决好的问题，也有工作中重视不够而没有解决的问题；既有许多中长期的困难和问题，也有不少迫在眉睫的问题。随着国内外发展环境变化，可能还会遇到许多难以预料的新问题新挑战。

比如，社会主要矛盾反映在医疗领域，就是人民期盼更高水平的医疗卫生服务，但现实供给还不平衡、不充分。护理院有具备专业护理知识的医生和护士，能对出院康复的老人和失能老人延续护理和治疗。但目前全国护理院数量很少，与人们的养老需求之间存在着不小的缺口。社会主要矛盾反映在农业领域，就是站在新的发展起点上，如何满足农民追求美好生活的需要显得更为迫切。社会主要矛盾反映在区域领域，体现为东部、东北、中部和西部四大区域板块之间，在经济总量、人均产出和收入水平上，呈现出明显的发展差距和梯度下降，东部与西部之间差距大，东北和中部发展不充分。发展不平衡不充分问题，已经成为满足人民日益增长的美好生活需要的主要制约因素。发展是动态过程，不平衡不充分是永远存在的，平衡是相对的，但当发展到了一定阶段后不平衡不充分成为社会主要矛盾的主要方面时，就必须下功夫去认识它、解决它，否则就会制约发展全局。

随着改革开放的深入推进，随着中国特色社会主义的深入发展，我国社会主要矛盾发生了重大变化。我国稳定解决了十几亿人的温饱问题，全面建成小康社会，人民美好生活需要日益广泛，不仅对物质文化生活提出了更高要求，而且在民主、法治、公平、正义、安全、环境等方面的要求日益增长。我们必须清醒看到，同党和国家事业发展要求相比，同人民群众期待相比，同推进国家治理体系和治理能力现代化目标相比，民主政治，法治建设还存在许多不适应、不符合的问题。

我国社会主要矛盾的变化是关系全局的历史性变化，对党和国家工作提出了许多新要求。抓住重点带动全面工作，是唯物辩证法的要求，也是我们党在革命、建设、改革各个时期一贯倡导和坚持的方法论。毛泽东同志指出："对于矛盾的各种不平衡情况的研究，对于主要的矛盾和非主要的矛盾、主要的矛盾方面和非主要的矛盾方面的研究，成为革命政党正确地决定其政治上和军事上的战略战术方针的重要方法之一，是一切共产党人都应当注意的。"[①]要成功推进党和国家事业，就必须准确把握我国社会主要矛盾。历史充分说明，党和国家事业能不能顺利发展，同我们能否随着社会历史条件的变化准确认识和把握社会主要矛盾，能否在这个基础上制定正确的政治路线和战略策略，紧紧联系在一起。坚持从我国社会实际状况出发，在诸多社会矛盾中和矛盾全局中敏锐地抓住主要矛盾，并自觉围绕主要矛盾部署党和国家全局工作，是我们党自觉运用马克思主义矛盾学说分析解决中国革命、建设、改革具体问题的一条成功经验。

充分认识新时代中国特色社会主义社会主要矛盾的变化是历史性的、关系党和国家工作全局的重大变化。我国社会主要矛盾的变化，没有改变我们对我国社会主义所处历史阶段的判断，我国仍处于并将长期处于社会主义初级阶段的基本国情没有变，我国是世界最大发展中国家的国际地位没有变。要牢牢把握社会主义初级阶段这个基本国情，牢牢立足

---

① 《毛泽东选集》第1卷，人民出版社1991年版，第326—327页。

社会主义初级阶段这个最大实际,牢牢坚持党的基本路线,既不落后于时代,也不能脱离实际、超越阶段。

习近平总书记语重心长地提醒:"面对复杂形势、复杂矛盾、繁重任务,没有主次,不加区别,眉毛胡子一把抓,是做不好工作的。"[①]要树立全局观,对各种矛盾做到了然于胸,同时又要紧紧围绕主要矛盾和中心任务,优先解决主要矛盾和矛盾的主要方面,以此带动其他矛盾的解决,在整体推进中实现重点突破,以重点突破带动经济社会发展水平整体跃升,朝着全面建成社会主义现代化强国的奋斗目标不断前进。

解决好人民日益增长的美好生活需要和不平衡不充分的发展之间的矛盾,让14亿多人民都过上富裕的日子,仍然有很长的路要走,仍然需要付出长期艰苦的努力。

各级领导干部要紧扣社会主要矛盾的主题进行思考,从我国社会发展的历史方位出发,把握住新时代我国社会主要矛盾及其主要方面,坚持从唯物主义立场观点方法出发进行思考,从现实的社会运动上来认识和把握这一重大判断。要紧密联系党的十八大以来党中央抓的重点工作,紧密联系新时代新征程中国共产党的使命任务,紧密联系现阶段我国社会主要矛盾,紧密联系广大人民群众的愿望和期待。同统筹推进"五位一体"总体布局和协调推进"四个全面"战略布局合拍,同贯彻落实新发展理念合拍,同推进党和国家各项事业发展的要求合拍,同满足人民对美好生活的向往合拍。

解决好新时代我国社会主要矛盾,必须始终坚持以人民为中心的发展思想。人民对美好生活的向往,就是我们党的奋斗目标。必须更加自觉、更加坚定地贯彻以人民为中心的发展思想,始终坚持发展为了人民、发展依靠人民、发展成果由人民共享,不断提高人民群众获得感、幸福

---

① 习近平:《更好把握和运用党的百年奋斗历史经验》,《求是》2022年第13期。

感、安全感,推动人民生活水平实现历史性跨越,不断满足人民群众对美好生活的新期待。

解决好新时代我国社会主要矛盾,必须完整、准确、全面贯彻新发展理念,着力推动高质量发展,主动构建新发展格局。发展是解决我国一切问题的基础和关键。进入新发展阶段,发展中的矛盾和问题集中体现在发展质量上。贯彻新发展理念、推动高质量发展、构建新发展格局,是破解新时代我国社会主要矛盾的"金钥匙"。必须完整、准确、全面贯彻新发展理念,加快构建以国内大循环为主体、国内国际双循环相互促进的新发展格局,不断增强发展的平衡性充分性,推动发展实现质量变革、效率变革、动力变革,不断朝着更高质量、更有效率、更加公平、更可持续的方向前进。

解决好新时代我国社会主要矛盾,必须着力推动人的全面发展、全体人民共同富裕取得更为明显的实质性进展。共同富裕是中国特色社会主义的本质要求,是中国式现代化的重要特征,也是我们党矢志不渝的奋斗目标。现在,我国已经到了扎实推动共同富裕的历史阶段,要坚持把促进全体人民共同富裕作为为人民谋幸福的着力点,通过全国人民共同奋斗把"蛋糕"做大做好,通过合理的制度安排把"蛋糕"切好分好,就一定能以新的历史成就不断推动人的全面发展、全体人民共同富裕取得更为明显的实质性进展。

时至今日,中华民族为了重新崛起已经整整奋斗了180多年,一代又一代中华儿女前赴后继、流血牺牲,才换来今天这样的大好局面。今天,我们比历史上任何时期都更接近、更有信心和能力实现中华民族伟大复兴的目标。同时,必须清醒认识到,中华民族伟大复兴绝不是轻轻松松、敲锣打鼓就能实现的,也绝不是一马平川、朝夕之间就能到达的,我国仍处于并将长期处于社会主义初级阶段,我国仍然是世界最大的发展中国家。全党要牢牢把握这个基本国情，牢牢立足这个最大实际，科学把握我国社会主要矛盾的新特点新变化，坚定理想信念，牢记初心使命，始终谦虚谨慎、不骄不躁、艰苦奋斗，以咬定青山不放松的执着，带领人民不断创造无愧于历史、无愧于时代的新业绩！

新时代的中国共产党人必须继往开来、排除万难，把民族复兴大业持续不断、卓有成效地推向前进，才不愧对先辈、不愧对人民、不愧对历史。办好中国的事情，最根本最重要的就是办好民族复兴这件"国之大者"的事情。党的十九届六中全会审议通过的《中共中央关于党的百年奋斗重大成就和历史经验的决议》指出，党领导人民成功走出中国式现代化道路，创造了人类文明新形态[①]。中国式现代化既体现了中国共产党的初心使命和执政理念，也体现了社会主义建设规律和人类社会发展规律，具有鲜明的中国特色、时代特征和社会主义特性。它是人口规模巨大的现代化，是全体人民共同富裕的现代化，是物质文明和精神文明相协调的现代化，是人与自然和谐共生的现代化，是走和平发展道路的现代化。

我国现代化同西方发达国家有很大不同。西方发达国家是一个"串联式"的发展过程，工业化、城镇化、农业现代化、信息化顺序发展，发展到目前水平用了200多年时间。我们要后来居上，决定了我国发展必然是一个"并联式"的过程，工业化、信息化、城镇化、农业现代化是叠加发展的。新中国成立以来特别是改革开放以来，我国用几十年的时间，在发展的很多方面走过了西方发达国家上百年甚至数百年的发展历程。中国人民的成功实践昭示世人，通向现代化的道路不止一条，只要找准正确方向、驰而不息，条条大路通罗马。

中国实现现代化，是人类历史上前所未有的大变革。在人类现代化进程中，实现工业化的国家不超过30个、人口不超过10亿人。我们这个

---

① 《中共中央关于党的百年奋斗重大成就和历史经验的决议》，人民出版社2021年版，第64页。

世界上最大发展中国家实现了现代化，意味着比现在所有发达国家人口总和还要多的中国人民将进入现代化行列，其影响将是世界性的。当我国成为世界上第一个不是走资本主义道路，而是走社会主义道路成功建成的现代化强国时，我们党领导人民在中国进行的伟大社会革命将更加充分地展示出其历史意义。

2021年1月28日，习近平总书记在主持十九届中央政治局第二十七次集体学习时强调："越是形势复杂、任务艰巨，越要坚持党的全面领导和党中央集中统一领导，越要把党中央关于贯彻新发展理念的要求落实到工作中去。只有站在政治高度看，对党中央的大政方针和决策部署才能领会更透彻，工作起来才能更有预见性和主动性。各级领导干部特别是高级干部要不断提高政治判断力、政治领悟力、政治执行力，对'国之大者'了然于胸，把贯彻党中央精神体现到谋划重大战略、制定重大政策、部署重大任务、推进重大工作的实践中去，经常对表对标，及时校准偏差。"[①]

当今世界正经历百年未有之大变局，这样的大变局不是一时一事、一域一国之变，是世界之变、时代之变、历史之变。来而不可失者，时也；蹈而不可失者，机也。我们的任务是应变局、育新机、开新局，能不能做到这一点，关键要看我们是否有识变之智、应变之方、求变之勇，最根本的还是要把自己的事情做好。

---

① 《完整准确全面贯彻新发展理念　确保"十四五"时期我国发展开好局起好步》，《人民日报》2021年1月30日。

第三章 不畏浮云遮望眼

> 飞来山上千寻塔,闻说鸡鸣见日升。
> 不畏浮云遮望眼,自缘身在最高层。
>
> ——王安石《登飞来峰》

> 理想信念就是共产党人精神上的"钙",没有理想信念,理想信念不坚定,精神上就会"缺钙",就会得"软骨病"。
>
> ——习近平:《在十八届中央政治局第一次集体学习时的讲话》
> (2012年11月17日)

一、信念的力量

信念是什么?现代汉语词典定义为"对自己确信的问题的看法"[1]。这是一个中性定义。信念还应当包括方向因素、价值因素、动力因素、情感因素、意志因素等内容。信念包含了对目标的向往和肯定,其价值取向坚定而强烈,不会因环境、地位、条件的变化而轻易变化,具有较强的排他性和抗干扰性。

---

[1] 高地:《中国共产党社会主义核心价值观教育研究》,人民出版社2013年版,第124页。

马克思主义在赋予作为主体的人的完全现实性的同时，也使人对政治文化获得了充分的能动性。人的社会存在决定人的观念。但人的观念对社会存在状况的反映不是消极的，而是能动的，即人能够根据自身与社会发展的状况和要求，能动地反映这种状况与要求，并在此基础上形成思想与观念。正是这种能动性使得人们能够根据社会和政治的发展规律和要求，选择或形成与这种规律与发展相适应的政治思想、政治观念、政治理论和政治理想。

列宁指出："人的意识不仅反映客观世界，并且创造客观世界。"[①]这种创造正是意识对存在作用的一种具体体现。显然，我的意识反映客观世界与人的意识反作用于客观世界是相伴随的。乔尔·莫克尔《启蒙经济：英国经济史新论》开篇的第一句话写道："任何时期的经济变化都依赖于人们相信什么，且依赖程度比大多数经济学家认为的要高。"[②]简言之，该书指出，除了地理因素以及市场、政治和社会作用等标准论据外，现代经济增长的起源很大程度上取决于人们的认知和信念，以及这些信念如何影响他们的经济行为。毛泽东同志明确指出："一定的文化（当作观念形态的文化）是一定社会的政治和经济的反映，又给予伟大影响和作用于一定社会的政治和经济；而经济是基础，政治则是经济的集中表现。这是我们对于文化和政治、经济的关系及政治和经济的关系的基本观点。"[③]

理想信念产生意义。信念是组织和个人作为行动者对于事物的价值所产生的观念和认知。无论是组织还是个人，当对事物的价值无法产生共同的理解时，那么组织和个人所占据的权力资源就无法为这些需要坚

---

① 《列宁全集》第55卷，人民出版社2017年版，第132页。
② 乔尔·莫克尔：《启蒙经济：英国经济史新论》，曾鑫、熊跃根译，中信出版集团2020年版，第1页。
③ 《毛泽东选集》第2卷，人民出版社1991年版，第663—664页。

持和拥护的价值观服务。马克思主义政党不是因利益而结成的政党，而是以共同理想信念而组织起来的政党。一个政党有了远大理想和崇高追求，广大党员始终坚定理想信念，才能把讲政治内化于心、外化于行，才能达到全党团结统一、步调一致、行动有力量。理想信念是共产党人安身立命的根本。理想信念之于个人，是精神支柱、是政治灵魂；之于一个政党，是干事创业的基石、是团结奋进的精神旗帜。

理想信念产生情感。信念内含有丰富的感情因素，但不同于心理意义上的情感。其所含感情具有"正向性"，神圣而纯洁，不含有丝毫庸俗的物欲、利欲。"自信人生二百年，会当水击三千里"，这是毛泽东同志的一个重要特质。出色的领导力来自他的自信，而自信则来自内心深处的信念，对事业强烈的使命感，从而形成了对事业富有持续的激情并能积极乐观面对和解决一切困难的心态。

理想信念产生力量。理想信念受政治、社会和文化等环境影响的生成过程，本身是一个组织与个体间相互沟通、相互推动和相互形塑的过程。涂尔干强调"思维群体"这一概念。他认为，在传统社会中，维系社会整合的重要机制是人们的"共同意识"，即社会成员共享的道德价值观念。这一共同意识可以制约个人利益与集体利益的冲突，协调人与人之间的关系，诱发人们的社会性行为。信念赋予人们"身份"（identity），强化人们对某些领域和规则的记忆，而同时忽略其他的领域和规则，通过这种记忆系统来引导人们的注意力。

回顾百年历程，我们党正是靠着坚定的理想信念，靠着党的团结统一，取得了中国革命、建设和改革的一个又一个胜利。历史和现实都告诉我们：全党理想信念坚定，党就会团结统一，拥有无比强大的力量，就能始终保持清醒、认准方向、砥砺前行。

坚定理想信念是保持党的团结统一的思想基础。坚定理想信念，坚守共产党人精神追求,始终是共产党人安身立命的根本。对马克思主义的信仰,对社会主义和共产主义的信念,是共产党人的政治灵魂,是共产党人经受住任何考验的精神支柱。形象地说,理想信念就是共产党人精神上的"钙",没有理想信念,理想信念不坚定,精神上就会"缺钙",就会得"软骨病"。现实生活中,一些党员、干部出这样那样的问题,说到底是信仰迷茫、精神迷失。历史和现实都告诫我们:全党理想信念坚定,党就拥有无比强大力量;全党理想信念淡薄,党就会成为乌合之众,风一吹就散。我们都是自愿加入中国共产党的,入党宣誓中就说要为共产主义奋斗终身,随时准备为党和人民牺牲一切。

革命战争年代,党多次面临困难和挫折,甚至濒临被敌人消灭的危险境地。大革命失败后,党员由近6万人锐减到1万多人。第五次反"围剿"失败后,党和红军的力量遭受极大削弱。长征途中,湘江战役后,中央红军主力从长征出发时的8.6万多人锐减至3万多人。在革命前途变得十分黯淡的时刻,党对自己的信念毫不动摇,在困境中发展壮大,在绝境中突出重围,在逆境中毅然奋起。

新中国成立后,面对军事上、经济上、国际上的困难和挑战,党领导人民发扬"一不怕苦、二不怕死"的革命精神,坚定信心,克服困难,使社会主义中国巍然屹立在世界东方。20世纪80年代末90年代初,世界社会主义运动陷入低潮,党领导人民顶住逆流,排除干扰,沿着中国特色社会主义道路坚定前行。进入新时代,面对国内改革、发展、稳定的繁重任务,面对严峻的国际形势和外部压力,党领导人民进行具有许多新的历史特点的伟大斗争,把中国特色社会主义继续推向前进。

坚定理想信念,坚守共产党人精神追求,始终是共产党人安身立命的根本。历史和实践反复证明,一个政党有了远大理想和崇高追求,就会坚强有力,无坚不摧,无往不胜,就能经受一次次挫折而又一次次奋起；一名干部有了坚定的理想信念，站位就高了，心胸就开阔了，就能坚持正确政治方向，做到"风雨不动安如山"。一百多年来，困难、失败和挫折没有阻挡住中国共产党的前进，而是使它更加坚强、更加成熟。在重大历史关头和危难时刻，党坚守理想信念，不畏惧、不退缩，迎难而上、勇往直前，一次次彰显了党的力量，一次次增强了人民对党的信任和信心，一次次扭转了党和国家的前途命运，一次次把社会主义事业推向前进。

二、坚定"两个理想"

秉持怎样的理想信念，左右人的观点主张、价值取向、灵魂归宿，评判人的党性修养、政治品格、人生境界。习近平总书记指出："中国共产党成立一百年来，始终是有崇高理想和坚定信念的党。这个理想信念，就是马克思主义信仰、共产主义远大理想、中国特色社会主义共同理想。"[①] 坚定理想信念，就是坚定对马克思主义的信仰、对共产主义和中国特色社会主义的信念，这是中国共产党人矢志不渝的精神追求。

共产主义是马克思恩格斯在深刻分析资本主义社会基本矛盾不可避免的基础上而得出的人类社会发展必然趋势的科学论断。一代又一代的中国共产党人依靠共产主义理想信念的精神力量，朝着共产主义理想的方向，砥砺奋进，成就了今天我们比历史上任何时期都更接近中华民族伟大复兴的信心与能力。党的最高理想和最终奋斗目标是实现共产主义。共产主义既是科学的思想体系，又是这一思想体系指导下的社会实践。同时，共产主义是一个漫长的历史过程，它依赖于每一个历史阶段任务

---

① 《信念坚定对党忠诚实事求是担当作为 努力成为可堪大用能担重任的栋梁之才》，《人民日报》2021年9月2日。

的实现。

马克思主义科学揭示了人类社会最终走向共产主义的必然趋势。马克思、恩格斯坚信，未来社会"将是这样一个联合体，在那里，每个人的自由发展是一切人的自由发展的条件"①，"无产者在这个革命中失去的只是锁链。他们获得的将是整个世界"②。马克思坚信历史潮流奔腾向前，只要人民成为自己的主人、社会的主人、人类社会发展的主人，共产主义理想就一定能够在不断改变现存状况的现实运动中一步一步实现。马克思主义奠定了共产党人坚定理想信念的理论基础。

共产主义决不是"土豆烧牛肉"那么简单，不可能唾手可得、一蹴而就。然而，我们不能因为实现共产主义理想是一个漫长的过程，就认为那是虚无缥缈的海市蜃楼，就不去做一名忠诚的共产党员。革命理想高于天。实现共产主义是我们共产党人的最高理想，而这个最高理想是需要一代又一代人接力奋斗的。如果大家都觉得这是看不见摸不着的东西，没有必要为之奋斗和牺牲，那共产主义就真的永远实现不了了。我们党从成立之日起，就把实现共产主义作为自己的最高纲领，在各个历史阶段还有自己的基本纲领。我们要全面掌握辩证唯物主义和历史唯物主义的世界观和方法论，深刻认识实现共产主义是由一个一个阶段性目标逐步达成的历史过程，把共产主义远大理想同中国特色社会主义共同理想统一起来、同我们正在做的事情统一起来，坚定中国特色社会主义道路自信、理论自信、制度自信、文化自信，坚守共产党人的理想信念，像马克思那样，为共产主义奋斗终身。

党的十八届六中全会审议通过的《关于新形势下党内政治生活的若干准则》提出：共产主义远大理想和中国特色社会主义共同理想，是中

---

① 马克思、恩格斯：《共产党宣言》，人民出版社2014年版，第51页。
② 马克思、恩格斯：《共产党宣言》，人民出版社2014年版，第65页。

国共产党人的精神支柱和政治灵魂，也是保持党的团结统一的思想基础。中国特色社会主义共同理想是共产主义最高理想在当代中国现阶段的具体体现，中国特色社会主义是党的最高纲领和基本纲领的统一，实现共同理想和实现最高理想本质上是一致的。我们现在坚持和发展中国特色社会主义，就是向着最高理想所进行的实实在在努力。这就要求广大共产党员既要树立共产主义远大理想，坚定信念，以高尚的思想道德要求鞭策自己，更要脚踏实地做好现阶段的每一项工作，把对共产主义理想的坚定性体现在坚持党的基本路线不动摇上，体现在为推进建设中国特色社会主义伟大事业而奋斗的具体实践中。可以毫不夸张地说，没有共产主义理想的指引与支撑，就没有今天中国特色社会主义的大好局面。

坚定中国特色社会主义共同理想，筑牢中华民族伟大复兴的精神支柱。中国共产党领导中国人民取得的伟大胜利，使具有500多年历史的社会主义主张在世界上人口最多的国家成功开辟出具有高度现实性和可行性的正确道路，让科学社会主义在21世纪焕发出新的蓬勃生机。正是由于坚持和发展中国特色社会主义，我们党领导人民创造出经济快速发展、社会长期稳定"两大奇迹"，创造了中国式现代化新道路，创造了人类文明新形态。当今世界，要说哪个政党、哪个国家、哪个民族能够自信的话，那中国共产党、中华人民共和国、中华民族是最有理由自信的。这种自信就是对中国特色社会主义的道路自信、理论自信、制度自信、文化自信。实践证明，社会主义没有辜负中国，中国也没有辜负社会主义。中国特色社会主义旗帜正引领中华民族伟大复兴呈现出前所未有的光明前景，我们必将创造新的更大奇迹。

党的十九大对实现第二个百年奋斗目标作出分"两步走"的战略安排。党的二十大在强调"两步走"的总体战略安排基础上，对到2035年我国发展的总体目标进行了规划，立足基本实现社会主义现代化的主客观条件，使到2035年基本实现社会主义现代化的远景目标更加清晰。

全面建成社会主义现代化强国，总的战略安排是分两步走：从2020年到2035年基本实现社会主义现代化；从2035年到本世纪中叶把我国建成富强民主文明和谐美丽的社会主义现代化强国。

到2035年，我国发展的总体目标是：经济实力、科技实力、综合国力大幅跃升，人均国内生产总值迈上新的大台阶，达到中等发达国家水平；实现高水平科技自立自强，进入创新型国家前列；建成现代化经济体系，形成新发展格局，基本实现新型工业化、信息化、城镇化、农业现代化；基本实现国家治理体系和治理能力现代化，全过程人民民主制度更加健全，基本建成法治国家、法治政府、法治社会；建成教育强国、科技强国、人才强国、文化强国、体育强国、健康中国，国家文化软实力显著增强；人民生活更加幸福美好，居民人均可支配收入再上新台阶，中等收入群体比重明显提高，基本公共服务实现均等化，农村基本具备现代生活条件，社会保持长期稳定，人的全面发展、全体人民共同富裕取得更为明显的实质性进展；广泛形成绿色生产生活方式，碳排放达峰后稳中有降，生态环境根本好转，美丽中国目标基本实现；国家安全体系和能力全面加强，基本实现国防和军队现代化。

三、革命理想高于天

《中国共产党党章》总纲部分的第一自然段中明确阐述："党的最高理想和最终目标是实现共产主义。"邓小平同志曾指出："我们多年奋斗就是为了共产主义，我们的信念理想就是要搞共产主义。在我们最困难的时期，共产主义的理想是我们的精神支柱，多少人的牺牲就是为了这个理想。"①当理想丢失，信仰动摇，就会带来价值观上的困惑，精神追求中的迷茫，造成自私自利、贪图享乐、消极腐败等不良思潮的泛滥，甚至违背党员身份的本质要求，站到人民和历史的对立面，假公济私、以权谋私、与民争利，给党员形象抹黑。

中国共产党的老一辈革命家，参加革命不是为了追求个人的荣华富贵，而是为了争取民族独立、人民解放和实现国家富强、人民幸福，他们身上充分彰显了无私的品格和无畏的勇气。李大钊、方志敏、夏明翰等烈士为了可爱的中国，不惜牺牲自己的生命。毛泽东同志为革命牺牲6位亲人，徐海东同志的家族牺牲70多人；朱德同志放弃旧军队的高官厚禄入党，叶剑英同志在大革命失败时与蒋介石决裂，彭湃同志把自家大量土地分给农民。一代代中国共产党人，用行动乃至生命诠释了为国家、为人民而担当和斗争的精神。

若是没有一大批具有坚定共产主义理想的中华儿女，就没有中国共产党，也就没有新中国，更没有今天我国的发展进步。要把我国发展得更好，离不开理想信念的力量。1928年3月20日，秋收起义的重要组织者之一夏明翰倒在屠刀下，临刑之前挥笔写下就义诗："砍头不要紧，只要主义真。杀了夏明翰，还有后来人！"1928年4月21日，中国共产党早期重要领导人之一罗亦农从容走向刑场，并作诗一首："慷慨登车去，相期一节全。残躯何足惜，大敌正当前。"风雨如晦的岁月里，无数共产党人前赴后继，舍生忘死，保存下了革命的火种。②长征的胜利，是中国共产党人理想的胜利，是中国共产党人信念的胜利。"风雨浸衣骨更硬，野菜充饥志越坚；官兵一致同甘苦，革命理想高于天。"在风雨如磐的长征路上，崇高的理想，坚定的信念，激励和指引着红军一路向前。在红

---

① 《邓小平文选》第3卷，人民出版社1993年版，第137页。
② 汪霏霏：《周文雍绝笔诗中的"革命精神不可灭"》，《学习时报》2022年7月22日。

一方面军二万五千里的征途上，平均每300米就有一名红军牺牲。长征这条红飘带，是无数红军的鲜血染成的。艰难可以摧残人的肉体，死亡可以夺走人的生命，但没有任何力量能够动摇中国共产党人的理想信念。①

党史国史是最好的营养剂。李立三曾是安源路矿工人大罢工时党的主要领导者之一。他积极发展党员，使党的成分发生重要变化。1924年末，中共发展到900名党员，其中就有300名安源工人。当时的安源的工人俱乐部、消费合作社搞得红红火火，被人们称为"小莫斯科"。反动派也恨死了李立三，千方百计要暗害他。李立三曾被三次传出死讯，组织和同志们为他开过三次追悼会。但每次追悼会后不久他就又出现了，被人们称为"打不死的李立三"，靠着危急时刻勇往直前的精神，他被推入党的领导核心。1930年蒋桂冯阎大战爆发，共产国际错误地估计了形势，多次来信说"中国进到了深刻的全国危机的时期"，城市工人应准备总政治罢工，红军斗争应统一起来，中共党内的主要危险是"右倾机会主义的情绪和倾向"，当时主持中央日常工作的李立三无条件地予以执行，要求各大城市地下党乘机组织暴动，有的城市在大革命失败后只剩7名党员，也要求他们暴动，并调全国红军攻打大城市，包括派彭德怀率领红三军团攻占了长沙。长沙作为省会城市被红军攻占，震动全国，但在敌人压倒性优势兵力的反扑下红军不得不退了出来，红军和地下党都遭受重大损失，才过了三个月，李立三就被免职，并被要求去苏联向共产国际作检讨。但当季诺维也夫等共产国际领导人听完他的检查，纷纷评价"这是一个共产党人的坦诚"。他对自己给党造成的损失非常悲痛，没有任何文过饰非、推卸责任，检讨非常深刻，共产国际对他作的结论是"没有两面派手段"。按照对犯错误者的传统做法，苏共有好几年不承认他的中共党籍，在莫斯科的寒冬，也只给他全家人一间没有炉火的小房。但

---

① 汪晓东、李翔、林小溪：《继往开来，重整行装再出发》，《人民日报》2021年10月21日。

他在逆境和痛苦中仍主动为党工作。中国红军长征后与莫斯科电讯联系中断，李立三编出一套很难破译的密码，托人带回国内，终于恢复了中共同国际上的联络。因此尽管身在苏联，但在党的七大上他再次当选为中央委员。

东北解放后，李立三请求回国，中央也同意了，便通过满洲里到了我们党解放的第一座大城市哈尔滨。但犯过大错误的李立三名气太大了，延安整风以后谁不知道"立三路线"啊。为便于工作，他化名李敏然。当时正抓干部教育的市委书记刘达并不知情，看到从莫斯科回来一位风度翩翩的老同志，便想请他给哈尔滨的高级干部讲党史。李立三很痛快地答应了。市委书记问，党史那么长，您讲哪段呢？李立三略微想了想，便说："我就讲'立三路线'吧。"他在课上分析了"立三路线"形成的原因，领导人的责任，从中应吸取的教训等。讲完后，场上一片称赞声，说不愧是从莫斯科回来的老布尔什维克，水平就是高。这时有个干部举手后站起来提问："您把犯错误的领导人的心理活动都讲得那么详细，您是怎么知道的呢？"回答则令全场意外——"我就是李立三。"话一出口，所有人的表情仿佛都在瞬间凝住了，许多人惊讶得合不上口。尽管在座的都是久经考验的高级干部，但谁也没有想到，竟会是李立三本人在讲"立三路线"。短暂沉寂后，会场上突然爆发出雷鸣般的、经久不息的掌声。许多人多年后回忆说，正是通过听那次课，才知道什么是一个老革命家的坦荡胸怀和自我批评精神。应该说，任何一种能形成思潮的错误，都不能简单归咎于个人。当时白色恐怖的严重程度，是外人难以想象的。

在西方封锁、苏联撕毁合同情况下，我国依靠自身的科研力量集体攻关，在1964年10月成功爆炸了第一颗原子弹，又先后制成了氢弹、发射了人造地球卫星。据说，杨振宁和邓稼先是美国芝加哥大学物理系的同学。后来杨振宁获得了诺贝尔奖，应该说这是个人价值观的一种成功体现，因为得到了世界最高地位的奖项承认。而邓稼先回了国，回国后就再无声息。可杨振宁对这位老同学的实力心中有数。1971年他曾试探性地写信问邓稼先："听说中国的核武器是外国专家帮助研制的。"邓稼先拿这封信请示周总理，周总理让邓稼先回信告诉他："无论是原子弹还是氢弹，都是中国人自己研制的。"据说，杨振宁看信后痛哭流涕，反映了一种很复杂的感情。他知道，瑞典皇家科学院颁奖厅的光亮，远远比不上中国罗布泊上空蘑菇云的光彩。邓稼先和其国内的同行们，是依靠共同努力，把一个民族给托起来了。杨振宁感到，尽管自己获得了个人成功，但远不如邓稼先把个人成功和民族成功绑在一起的成功。

崇高的理想，坚定的信念，是中国共产党人的政治灵魂。邓小平同志曾经指出："为什么我们过去能在非常困难的情况下奋斗出来，战胜千难万险使革命胜利呢？就是因为我们有理想，有马克思主义信念，有共产主义信念。"[①]从艰苦卓绝的井冈山斗争到千难万险的长征路，从硝烟弥漫的抗日战争到摧枯拉朽的解放战争，从坚决捍卫国家主权、安全、领土完整的英勇斗争到抢险救灾、保卫人民生命财产安全的顽强拼搏，从支援国家经济社会建设的无私奉献到维护地区和世界和平的实际行动，崇高理想信念的灯塔指引中国共产党一路向前。

一种先进的政治思想、理论、观念要取代旧的落后的思想、理论和观念，除了取决自身所具有的生命力外，还取决于这些新思想、新理论和新观念被社会的接受和认同程度。如果这些新的东西被社会大多数人或主要的阶级所接受，那它们就会化成强大的力量。正如马克思所说："批判的武器当然不能代替武器的批判，物质力量只能用物质力量来摧毁；但是理论一经掌握群众，也会变成物质力量。理论只要说服人，就

---

① 《邓小平文选》第3卷，人民出版社1993年版，第110页。

能掌握群众；而理论上只要彻底，就能说服人。所谓彻底，就是抓住事物的根本。"①

当前，绝大多数党员干部理想信念是坚定的，政治上是可靠的。但一段时间以来，在一小部分党员干部中也存在着理想信念缺失的问题。有的对共产主义心存怀疑，认为那是虚无缥缈、难以企及的幻想；有的不信马列信鬼神，从封建迷信中寻找精神寄托，热衷于算命看相、烧香拜佛，遇事"问计于神"；有的是非观念淡薄、原则性不强、正义感退化，糊里糊涂当官，浑浑噩噩过日子；有的甚至向往西方社会制度和价值观念，对社会主义前途命运丧失信心；有的在涉及党的领导和中国特色社会主义道路等原则性问题的政治挑衅面前态度暧昧、消极躲避、不敢亮剑，甚至故意模糊立场、耍滑头；等等。"这些年，我们查处了那么多领导干部，他们违纪违法，最后坠入犯罪的深渊，从根本上来说是理想信念的防线崩溃了。领导干部一旦丧失了理想信念，就会把握不住自己，就会迷失方向，不仅会越过做党员的底线，而且会越过做人的底线。中央委员会的每一位同志都要把坚定理想信念作为人生的头等大事，自觉为全党作出示范和表率。"②

检验党员干部是不是对党忠诚，在革命年代就要看能不能为党和人民事业冲锋陷阵、舍生忘死，在和平时期也有明确的检验标准。能不能坚持党的领导，坚决维护党中央权威和集中统一领导，自觉在思想上政治上行动上同党中央保持高度一致；能不能坚决贯彻执行党的理论和路线方针政策，不折不扣把党中央决策部署落到实处；能不能严守党的政治纪律和政治规矩，做政治上的明白人、老实人；能不能坚持党和人民事业高于一切，自觉执行组织决定，服从组织安排；等等；都是对党忠

---

① 《马克思恩格斯文集》第1卷，人民出版社1972年版，第9页。
② 习近平：《在党的十九届一中全会上的讲话》，《求是》2018年第1期。

诚的直接检验。

要应对种种考验，如果没有坚定的理想信念，就会在乱云飞渡的复杂环境中迷失方向、在泰山压顶的巨大压力下退缩逃避、在糖衣炮弹的轮番轰炸下缴械投降；只有铸牢理想信念之魂，才能经受得住各种考验。全党要保持在理想追求上的政治定力，不论时代如何变化，不论条件如何变化，都风雨如磐不动摇，永远为了真理而斗争，永远为了理想而斗争。在实现第二个百年奋斗目标新的赶考之路上，"只要我们保持坚定理想信念和坚强革命意志，就能把一个个坎都迈过去，什么陷阱啊，什么围追堵截啊，什么封锁线啊，把它们通通抛在身后！"①

四、政治坚定离不开理论清醒

政治上的坚定最终要靠理论上的清醒。习近平总书记指出："坚定的理想信念，必须建立在对马克思主义的深刻理解之上，建立在对历史规律的深刻把握之上。"② 毛泽东同志讲过："我们敢想、敢说、敢做、敢为的理论基础是马列主义。"③ 正因为有了马克思主义的指引，我们党才能做到心明眼亮、意志坚定，在关键抉择面前不摇摆，在艰难困苦面前不畏缩，在危机重重面前不消沉，信心百倍走向胜利。1883年3月17日，恩格斯在马克思的葬礼上向全世界诠释马克思的伟大之处，他说："正像达尔文发现有机界的发展规律一样，马克思发现了人类历史的发展规律……发现了现代资本主义生产方式和它所产生的资产阶级社会的特殊

---

① 人民日报评论员：《不可阻挡的前进步伐——论学习贯彻习近平总书记在庆祝中华人民共和国成立70周年大会上重要讲话》，《人民日报》2019年10月4日。
② 《习近平谈治国理政》第2卷，外文出版社2017年版，第35页。
③ 中共中央文献研究室编《毛泽东年谱（一九四九——一九七六）》第3卷，中央文献出版社2013年版，第350页。

的运动规律。"①马克思主义之所以能够占据推动人类社会进步、实现人类美好理想的道义制高点，一个很重要的原因就在于它揭示了人类历史的发展规律。

信念作为一种稳定的、强烈地融合了世界观、人生观、价值观、道德观的心理特征，在形成之前是不稳定的。后来由于意志、情感、人格、性格、认知能力等作用，促使信念由不稳定到稳定，到坚定，到强烈。而信念在它的前期阶段，往往表现为不稳定的人生观、世界观、道德观和价值观。又由于这些不稳定的人生观、世界观、道德观、价值观往往来源于各种正式和非正式的理论学习及受教育活动之中，因此，理论学习和各种教育活动是信念形成的更前期阶段。"我们处在前所未有的变革时代，干着前无古人的伟大事业，如果知识不够、眼界不宽、能力不强，就会耽误事。年轻干部精力充沛、思维活跃、接受能力强，正处在长本事、长才干的大好时期，一定要珍惜光阴、不负韶华，如饥似渴学习，一刻不停提高。"②

（一）要着力提升马克思主义理论素养

高度重视学习、善于进行学习，是我们党的优良传统和政治优势。我们党始终把学习作为一项关系党的事业兴旺发达的战略任务来抓，在革命、建设、改革的重大转折关头，在面临新形势新任务的重要时刻，总是把加强学习问题突出地提到全党面前。毛泽东同志在《中国共产党在民族战争中的地位》一文中说道："一般地说，一切有相当研究能力的共产党员，都要研究马克思、恩格斯、列宁、斯大林的理论，都要研究我们民族的历史，都要研究当前运动的情况和趋势；并经过他们去教育那

---

① 《马克思恩格斯选集》第3卷，人民出版社1995年版，第776页。
② 习近平：《努力成为可堪大用能担重任的栋梁之才》，《求是》2022年第3期。

些文化水准较低的党员。特殊地说，干部应当着重地研究这些，中央委员和高级干部尤其应当加紧研究。指导一个伟大的革命运动的政党，如果没有革命理论，没有历史知识，没有对于实际运动的深刻的了解，要取得胜利是不可能的。"

干部要成长起来，必须加强马克思主义理论武装。坚持以马克思主义为指导，首先要解决真懂真信的问题。哲学社会科学发展状况与其研究者坚持什么样的世界观、方法论紧密相关。人们必须有了正确的世界观、方法论，才能更好观察和解释自然界、人类社会、人类思维的各种现象，揭示蕴含在其中的规律。马克思主义关于世界的物质性及其发展规律、人类社会及其发展规律、认识的本质及其发展规律等原理，为我们研究把握哲学社会科学各个学科各个领域提供了基本的世界观、方法论。只有真正弄懂了马克思主义，才能在揭示共产党执政规律、社会主义建设规律、人类社会发展规律上不断有所发现、有所创造，才能更好识别各种唯心主义观点、更好抵御各种历史虚无主义谬论。

马克思主义经典作家眼界广阔、知识丰富，马克思主义理论体系和知识体系博大精深，涉及自然界、人类社会、人类思维各个领域，涉及历史、经济、政治、文化、社会、生态、科技、军事、党建等各个方面，不下大气力、不下苦功夫是难以掌握真谛、融会贯通的。"为学之道，必本于思。""不深思则不能造于道，不深思而得者，其得易失。"恩格斯曾经说过："即使只是在一个单独的历史事例上发展唯物主义的观点，也是一项要求多年冷静钻研的科学工作，因为很明显，在这里只说空话是无济于事的，只有靠大量的、批判地审查过的、充分地掌握了的历史资料，才能解决这样的任务。"[①]对马克思主义的学习和研究，不能采取浅尝辄止、蜻蜓点水的态度。有的人马克思主义经典著作没读几本，一知半解

---

① 《马克思恩格斯文集》第2卷，人民出版社2009年版，第598页。

就哇啦哇啦发表意见，这是一种不负责任的态度，也有悖于科学精神。

领导干部首先要认真学习马克思主义理论，这是我们做好一切工作的看家本领。通过学习马克思主义理论特别是新时代党的创新理论，掌握贯穿其中的立场、观点、方法，提高战略思维、历史思维、辩证思维、创新思维、法治思维、底线思维能力，正确判断形势，始终保持政治上的清醒和坚定。我们党在中国这样一个有着14亿多人口的大国执政，面对十分复杂的国内外环境，肩负繁重的执政使命，如果缺乏理论思维，是难以战胜各种风险和困难的，也是难以不断前进的。这就要求我们加强理论学习，掌握和运用辩证唯物主义和历史唯物主义，掌握贯穿其中的马克思主义立场、观点、方法，深入认识共产党执政规律、社会主义建设规律、人类社会发展规律。

在马克思主义基本理论中，习近平总书记尤其重视学习马克思主义哲学。因为这是掌握马克思主义完整科学体系的重要前提。在兼任中央党校校长期间，他强调党校要把马克思主义哲学作为主要课程，还多次讲陈云、钱学森学习哲学的故事，建议大家读一些马克思主义哲学基本著作，掌握科学世界观和方法论，不断增强工作的原则性、系统性、预见性、创造性。党的十八大以后，中央政治局集体学习多次专门围绕历史唯物主义基本原理和方法论、辩证唯物主义基本原理和方法论进行讨论，目的就是推动党的高级领导干部对马克思主义哲学有更全面的了解，特别是要理解马克思主义立场、观点、方法。

学哲学、用哲学是我们党的一个优良传统。辩证唯物主义和历史唯物主义是马克思主义哲学的重要内容，在当今依然是指导我们前进的强大思想武器，是中国共产党人的世界观与方法论。辩证唯物主义要求我们掌握世界统一于物质、物质决定意识的原理，要求我们能够从客观实际出发制定政策、推动工作，要求我们掌握矛盾运动规律，不断在主要矛盾和次要矛盾，矛盾的主要方面和次要方面中强化问题意识，把握工作主动权，推动理论和实践创新。历史唯物主义要求我们充分认识人类社会发展的一般规律，掌握社会基本矛盾分析法，把生产力和生产关系的矛盾运动同经济基础和上层建筑的矛盾运动结合起来观察，把社会基本矛盾作为一个整体来观察。历史唯物主义还要求我们充分认识人民是历史创造者的观点，坚持从这一观点认识社会运动的基本规律。

（二）解决现实问题是学习的根本出发点

毛泽东同志在《中国共产党在民族战争中的地位》一文中指出："普遍地深入地研究马克思列宁主义的理论的任务，对于我们，是一个亟待解决并须着重地致力才能解决的大问题……在担负主要领导责任的观点上说，如果我们党有一百个至二百个系统地而不是零碎地、实际地而不是空洞地学会了马克思列宁主义的同志，就会大大地提高我们党的战斗力量，并加速我们战胜日本帝国主义的工作。"[①]

马克思主义是真理，但不应当把马克思主义当作教条看待，而应当看作行动的指南。不应当只是学习马克思主义的具体结论和词句，而应当学习其科学的世界观和方法论。不但应当了解马克思、恩格斯、列宁研究广泛的真实生活和革命经验所得出的关于一般规律的结论，而且应当学习他们观察问题和解决问题的立场和方法。毛泽东同志在《唯心历史观的破产》中写道："马克思列宁主义来到中国之所以发生这样大的作用，是因为中国的社会条件有了这种需要，是因为同中国人民革命的实践发生了联系，是因为被中国人民所掌握了。任何思想，如果不和客观的实际的事物相联系，如果没有客观存在的需要，如果不为人民群众所掌握，即使

[①] 中共中央文献研究室编《毛泽东思想年编（一九二一——一九七五）》，中央文献出版社2011年版，第210页。

是最好的东西,即使是马克思列宁主义,也是不起作用的。"

人的思维是否具有客观的真理性,这不是一个理论的问题,而是一个实践的问题。人应该在实践中证明自己思维的真理性,即自己思维的现实性和力量,自己思维的此岸性。一种理论的产生,源泉只能是丰富生动的现实生活,动力只能是解决社会矛盾和问题的现实要求。因此,学习不能是教条主义和主观主义的,而是直面问题,解决问题。理论不是来源于头脑中的空洞的思辨,而始终要与需要解决的时代问题息息相关。因此,思维的现实力量在于透过纷繁复杂的现象,洞察时代的根本性问题,追溯问题的成因、归纳问题的表现、寻找问题的对策。[1]

"今天的中国是历史的中国的一个发展;我们是马克思主义的历史主义者,我们不应当割断历史。从孔夫子到孙中山,我们应当给予总结,继承这一份珍贵的遗产。这对于指导当前的伟大的运动,是有重要的帮助的。共产党员是国际主义的马克思主义者,但是马克思主义必须和我国的具体特点相结合并通过一定的民族形式才能实现。马克思列宁主义的伟大力量,就在于它是和各个国家具体的革命实践相联系的。对于中国共产党说来,就是要学会把马克思列宁主义的理论应用于中国的具体的环境。成为伟大中华民族的一部分而和这个民族血肉相联的共产党员,离开中国特点来谈马克思主义,只是抽象的空洞的马克思主义。因此,使马克思主义在中国具体化,使之在其每一表现中带着必须有的中国的特性,即是说,按照中国的特点去应用它,成为全党亟待了解并亟须解决的问题。洋八股必须废止,空洞抽象的调头必须少唱,教条主义必须休息,而代之以新鲜活泼的、为中国老百姓所喜闻乐见的中国作风和中国气派。把国际主义的内容和民族形式分离起来,是一点也不懂国际主义的人们的做法,我们则要把二者紧密地结合起来。在这个问题上,我

---

[1] 孙海洋:《什么是理论素养》,《学习时报》2022年7月25日。

们队伍中存在着的一些严重的错误,是应该认真地克服的。"①

我们党的历史,是一部推进马克思主义中国化、不断丰富和发展马克思主义的历史,也是一部运用马克思主义理论认识和改造中国的历史。一百多年来,我们党坚持把马克思主义基本原理同中国具体实际相结合,同中华优秀传统文化相结合,创立了毛泽东思想、邓小平理论,形成了"三个代表"重要思想、科学发展观,创立了习近平新时代中国特色社会主义思想,指导党和人民事业不断开创新局。中国共产党为什么能,中国特色社会主义为什么好,从根本上说,是因为马克思主义行,是中国化时代化的马克思主义行。我们要从党的百年奋斗史中感悟真理的力量,不断深化对共产党执政规律、社会主义建设规律、人类社会发展规律的认识,用马克思主义的真理光芒照耀我们的前行之路。

在新的时代条件下提升马克思主义理论素养,特别要把深入学习贯彻习近平新时代中国特色社会主义思想作为重中之重。党的十九大把习近平新时代中国特色社会主义思想确立为党必须长期坚持的指导思想并庄严地写入党章,实现了党的指导思想的与时俱进。这是一个历史性决策和历史性贡献,体现了党在政治上理论上的高度成熟、高度自信。第十三届全国人民代表大会第一次会议通过的宪法修正案,郑重地把习近平新时代中国特色社会主义思想载入宪法,实现了国家指导思想的与时俱进,反映了全国各族人民共同意志和全社会共同意愿。习近平新时代中国特色社会主义思想,是新时代中国共产党的思想旗帜,是国家政治生活和社会生活的根本指针,是当代中国马克思主义、二十一世纪马克思主义。

政治上的敏锐性、洞察力和判断力从哪里来?根本的是掌握好马克思主义理论武器,掌握好共产党人的看家本领。《共产党宣言》问世至今

---

① 《毛泽东选集》第2卷,人民出版社1991年版,第534页。

已有170多年。尽管时空巨变，但我们仍能看到马克思、恩格斯当年对当代资本主义和人类社会的矛盾、趋势、规律的研究把握仍然具有透彻的解释力和有效的预见力。抓好理论学习，理想旗帜才能进一步高扬，信念才能历难弥坚。现实中，一些党员干部缺这个、缺那个，实际上最缺的还是马克思主义理论素养。不少干部反映，现在做领导工作，对能力和素养的要求越来越高，有许多重大问题需要从理论上说清楚，弄明白"怎么看、怎么办"。如果说工作中有被动的时候，很大程度上也是理论功力、理论素养不够的问题。

2020年10月10日，习近平总书记在中央党校（国家行政学院）中青年干部培训班开班式上讲道："提高政治能力必须对党的政治纪律和政治规矩怀有敬畏之心。要自觉加强政治历练，增强政治自制力，始终做政治上的'明白人''老实人'。要注重提高马克思主义理论水平，学深悟透，融会贯通，掌握辩证唯物主义和历史唯物主义，掌握贯穿其中的马克思主义立场观点方法，掌握中国化的马克思主义，做马克思主义的坚定信仰者、忠实实践者。"所以，领导干部提高政治能力，就要坚持把理论武装作为基础任务，把系统掌握马克思主义基本理论作为必修课，加强对马克思列宁主义、毛泽东思想的学习，加强对中国特色社会主义理论体系的学习。

"一个民族要想站在科学的最高峰，就一刻也不能没有理论思维。"① 恩格斯说，理论素养"这种才能需要发展和培养，而为了进行这种培养，除了学习以往的哲学，直到现在还没有别的办法"②。学习理论最有效的办法是读原著、学原文、悟原理，既要阅读马克思、恩格斯、列宁的经典著作，掌握贯穿其中的辩证唯物主义和历史唯物主义基本原理和科学方

---

① 恩格斯：《自然辩证法》，人民出版社2018年版，第42—43页。
② 恩格斯：《自然辩证法》，人民出版社2018年版，第42—43页。

法，也要学习毛泽东同志、邓小平同志，尤其是习近平总书记的重要著作，自觉用新时代党的创新理论观察新形势、研究新情况、解决新问题，使各项工作朝着正确方向、按照客观规律推进。

第四章 江河万里总有源

> 走自己的路,是党的全部理论和实践立足点,更是党百年奋斗得出的历史结论。
> ——习近平:《在庆祝中国共产党成立100周年大会上的讲话》
> (2021年7月1日)

> 当代中国的伟大社会变革,不是简单延续我国历史文化的母版,不是简单套用马克思主义经典作家设想的模板,不是其他国家社会主义实践的再版,也不是国外现代化发展的翻版。
> ——习近平:《在纪念马克思诞辰200周年大会上的讲话》
> (2018年5月4日)

我们的民族是伟大的民族。在5000多年的文明发展历程中,中华民族为人类文明进步作出了不可磨灭的贡献。近代开始,我们的民族历经磨难,中华民族到了最危险的时候。自那时以来,为了实现中华民族伟大复兴,无数仁人志士奋起抗争,但一次又一次地失败了。中国共产党成立后,团结带领人民前赴后继、顽强奋斗,把贫穷落后的旧中国变成日益走向繁荣富强的新中国,中华民族伟大复兴展现出前所未有的光明前景。我们的责任,就是要团结带领全党全国各族人民,接过历史的接力棒,继续为实现中华民族伟大复兴而努力奋斗,使中华民族更加坚强有力地自立于世界民族之林,为人类作出新的更大的贡献。江河万里总有源,树高千尺也有根。

2020年10月,习近平总书记在中央党校(国家行政学院)中青年干部培训班开班式上指出:"提高政治能力,首先要把握正确政治方向,坚持中国共产党领导和我国社会主义制度。在这个问题上,决不能有任何迷糊和动摇!这次抗击新冠肺炎疫情斗争的实践再次证明,中国共产党是风雨来袭时中国人民最可靠的主心骨,我国社会主义制度是抵御风险挑战的最有力制度保证。年轻干部必须坚守一条,凡是有利于坚持党的领导和我国社会主义制度的事就坚定不移做,凡是不利于坚持党的领导和我国社会主义制度的事就坚决不做!要不断提高政治敏锐性和政治鉴别力,观察分析形势首先要把握政治因素,特别是要能够透过现象看本质,做到眼睛亮、见事早、行动快。"

"中国特色社会主义不是从天上掉下来的,是党和人民历尽千辛万苦、付出巨大代价取得的根本成就。"[①]中国特色社会主义开创于改革开放新时期,建立在我们党长期奋斗基础上,而其思想、理论和实践的源头,则可追溯到更远。要了解中国特色社会主义形成和发展的脉络,更加充分地认识其历史必然性和科学真理性,应该拉长时间尺度,放在世界社会主义演进的历程中去把握。

社会主义500年,经过了从空想到科学、从理论到实践、从一国实践到多国发展的历程。19世纪中叶,马克思、恩格斯深入考察资本主义经济、政治、社会状况,批判继承德国古典哲学、英国古典政治经济学和法国空想社会主义的合理成分,提出唯物史观和剩余价值学说,给社会主义思想奠定了科学理论基础,创立了科学社会主义,社会主义由此从

---

① 习近平:《在庆祝中国共产党成立95周年大会上的讲话》,人民出版社2016年版,第12页。

空想走向科学。列宁把马克思主义基本原理同俄国具体实际相结合，领导十月革命取得成功，建立了世界上第一个社会主义国家，科学社会主义由此从理论走向实践。第二次世界大战结束后，一批社会主义国家诞生，特别是我们党领导人民建立了社会主义新中国，科学社会主义由此从一国实践走向多国发展。

一、苏共政治方向错乱的深刻教训

方向决定道路，道路决定命运，方向问题是一个根本问题。政治方向是党生存发展第一位的问题，事关党的前途命运和事业兴衰成败。

延伸阅读

1938年，毛泽东在抗大第三期学员会议上讲道："唐僧这个人，一心一意去西天取经，遭受了九九八十一难，百折不回，他的方向是坚定不移的。但他也有缺点：麻痹。警惕性不高，敌人换个花样就不认识了。猪八戒有许多缺点，但有一个优点，就是艰苦。臭柿胡同就是他拱开的。孙猴子灵活，很机动，但他最大的缺点是方向不坚定，三心二意。"[①]

1991年，人类历史上发生了这样一件震惊世界的重大事件：苏联，这个有着2240多万平方公里的横跨欧亚两洲庞大疆域的大国、强国，在没有外敌入侵和特大自然变故的情况下，顷刻之间解体覆亡。苏联共产党在拥有35万多名党员的时候，取得了十月社会主义革命的胜利并执掌了全国政权；在拥有554万多名党员的时候，领导人民打败了不可一世的

---

① 黄丽镛编《毛泽东读古书实录》，人民出版社2012年版，第69页。

德国法西斯，为结束第二次世界大战立下了不朽功勋；而在拥有近2000万名党员的时候，却丧失了执政地位，亡党亡国。

对苏联这个泱泱大国解体的原因，有多种不同的解读，如"经济没有搞好说""斯大林模式僵化说""民族矛盾决定说""军备竞赛拖垮说""戈氏叛徒葬送说""外部因素说"等。中国外交部原部长李肇星在外交部工作期间，曾利用各种时机向不下30位外国领导人请教过苏联解体的原因，得到的回答不少于30种，涉及上层腐败、信仰异化、言行不一、法制不健全、经济体制僵化、贫富悬殊、改革太急、与美争霸失利，等等。①

比如，"军备竞赛拖垮说"认为，苏联集中巨大的财富、科技、人力等资源，主要用于扩军备战，开展美苏军备竞赛，畸形发展重工业和国防军事工业，国家财力投入过多过大，加剧了国民经济结构的比例失调。特别是勃列日涅夫时期穷兵黩武，与美国搞"太空"竞赛，对广大社会主义国家和第三世界国家推行"援助"式的渗透和捆绑，发动阿富汗战争等多次侵略，压制东欧国家本土化的改革，扩张霸权主义，使国防军事开支猛增，国内各类矛盾积聚，经济衰退，民生凋敝，国力不支，最终拖垮苏联经济，大伤苏联人民元气，导致苏联解体。"斯大林模式僵化说"认为，斯大林执政时期所形成的高度集中的政治、经济、社会体制窒息了苏联社会主义的生机和活力，阻碍了社会主义优越性的发挥，最终导致了苏共解散、苏联解体。"戈氏叛徒葬送说"认为，戈尔巴乔夫是马克思列宁主义的叛徒，是亡党亡国的罪魁祸首，是葬送苏联社会主义大业的首犯。他提出的改革"新思维"，是从根本上"改造整个社会主义大厦"，改革的目的是"要使社会有质的更新"，改革的含义已经不是自我完善而是根本改向。"外部因素说"认为，以美国为首的西方国家通过

---

① 李慎明：《居安思危：苏共亡党二十年的思考》，社会科学文献出版社2011年版；李永忠、董瑛：《苏共亡党之谜：从权力结构之伤到用人体制之亡》，商务印书馆2012年版。

武力后盾和军备竞赛遏制苏联的同时,强化政治、经济、文化和意识形态领域的渗透和分化,全面推行西方价值观、民主观和执政模式,或明或暗地支持苏联国内的反对派和民族分立主义势力,加速苏联的"多元化、民主化"进程。

以上种种解读多从外部原因来解释苏共亡党和苏联解体的影响因素,都有一定的相关性。然而,如果我们从"政治能力"的角度来看,追根溯源,苏共衰亡,败在自身,败在苏共政治能力的丧失,这是苏共亡党丧权最根本最重要的原因。尤其在苏共执政后期,迷失方向,否定马克思主义,丢掉社会主义道路和共产党的领导,全面否定苏联历史、苏共历史,否定列宁,否定斯大林,搞历史虚无主义,思想搞乱了,各级党组织几乎没任何作用了,军队都不在党的领导之下了。苏联共产党偌大一个党就作鸟兽散了,苏联偌大一个社会主义国家就分崩离析了。执政党的方向问题关系党的生死存亡这一规律在苏共败亡问题上得到充分体现。

首先,苏共没有把握正确的政治方向。苏共抛弃了共产主义理想,背叛了马克思列宁主义,放弃了马克思主义的指导地位和共产党的领导地位,违背了社会主义基本原则。我国老一辈无产阶级革命家彭真认为,"苏联的问题是,从赫鲁晓夫开始,提出了一系列背离马克思主义的修正主义观点,到戈尔巴乔夫时期,恶性发展,形成了一整套修正主义的理论和路线,即人道的民主社会主义思想和路线,结果造成了亡党亡国的悲剧"[①]。张全景、周新城、张旭等认为,戈尔巴乔夫上台后,"推行'人道的民主社会主义路线'是苏联演变的根本原因"。李慎明在《全球化背景下的中国大党建》和《居安思危:苏共亡党二十年的思考》中剖析了苏联解体的深刻教训,认为:"苏共的蜕化变质是苏联解体的根本原因","不在于'斯大林模式'即苏联社会主义模式,在于从赫鲁晓夫集团到戈

---

① 李永忠、董瑛:《关于苏联解体的15种学说》,《人民论坛》2012年第6期。

尔巴乔夫集团逐渐脱离、背离乃至最终背叛马克思主义、社会主义和最广大人民群众的根本利益"①。

其次,苏共的党员干部政治能力丧失。原苏联总统助理、戈尔巴乔夫办公室主任博尔金认为,"无论是世界大战、革命,还是两大阵营的军事、经济对抗,都没能摧毁和肢解这个伟大的国家。苏联是被人从内部攻破的,是被一小撮有影响的党和国家领导人葬送的,是被反对派搞垮的"②。美国马萨诸塞大学安姆赫斯特分校大卫·科兹教授认为:"70年代苏共领导集团还是由理想主义的革命者组成的,到80年代就完全不同了,占据苏联党政机关要职的'精英'们开始放弃共产主义意识形态,代之以典型的物质主义、实用主义。"③"实行资本主义最符合'精英集团'的利益,这样,他们不仅是生产资料的管理者,而且可以成为生产资料的所有者;既可以实现个人财富更快地增长,又能合法地让子女继承权力和财富。"据俄罗斯科学院社会学所调查显示,截至1995年,在俄罗斯总统周围和政府部门任职的政治精英中,有74%~75%来自苏联时期的干部;而那些发财致富的经济精英,则有61%来自苏联时期的干部,特别是共青团干部和经济领导人。④

二、近代中国民族与国家双重危机的到来

从葡萄牙人在澳门建立贸易据点(1557年)到鸦片战争,在将近3个世纪的大部分时间中,中国在经济、政治、贸易和文化等方面都可以

---

① 李慎明:《居安思危:苏共亡党二十年的思考》,社会科学文献出版社2011年版,第17页。
② 肖枫主编:《社会主义向何处去——冷战后世界社会主义运动大扫描》,当代世界出版社1999年版,第73页。
③ 李永忠、董瑛:《苏共亡党之谜:从权力结构之伤到用人体制之亡》,商务印书馆2012年版,第114页。
④ 王正泉:《官僚特权阶层:苏联解体的致命根源》,《人民论坛》2007年第1期。

与任何新兴海上势力相抗衡。荷兰人在1622年进攻澳门以失败结束，在1624—1662年侵占澎湖和台湾也没有成功；而俄国人于1680—1689年在黑龙江流域发动的战争同样以失败告终。

其实，早在18世纪，中国东南沿海地区的商业化程度就有了比较大的改观。从1719年到1833年一个多世纪中，广州接纳的外国商船吨位增长13倍之多。英国人穿的内衣很多是用南京的布做成的。中国完全可能发展成为新兴贸易大国，与西欧国家平分秋色。遗憾的是，中国在世界贸易从大陆转向海洋的重要时期却背道而驰，闭关锁国，采取退缩政策，结果坐失良机。

1872年，李鸿章在《复议制造轮船未可裁撤折》中说："臣窃惟欧洲诸国，百十年来，由印度而南洋，由南洋而中国，闯入边界腹地，凡前史所未载，亘古所未通，无不款关而求互市。我皇上如天之度，概与立约通商，以牢笼之，合地球东西南朔九万里之遥，胥聚于中国，此三千余年一大变局也。"1874年，李鸿章在因台湾事变《筹议海防折》中再次提及："历代备边，多在西北。其强弱之势、主客之形，皆适相埒，且犹有中外界限。今则东南海疆万余里，各国通商传教，来往自如，麋集京师及各省腹地，阳托和好之名，阴怀吞噬之计，一国生事，数国构煽，实为数千年未有之变局！"

进入18世纪60年代，英国爆发了工业革命，到了19世纪，大量机器制造逐步淘汰了手工业，工业的发展让西方列强的工业产量急剧增加，不断扩大产品的销路需求，大量的产能过剩，驱使着这些资本主义国家在全球寻找其产品生存的空间。而清朝在当时，人口众多，虽然国防体系落后，但还比较富裕，GDP占到了当时世界的35%，而且对英国的贸易顺差非常大。列强以坚船利炮打开了清政府的海疆大门，英国人通过东印度公司向中国大量走私鸦片，这给英国资产阶级带来了巨额利润，打破了清朝对英国长期以来的贸易顺差。清政府每年外流的白银达到了600万两，这使得清朝发生了严重的银荒和空库空虚，而且鸦片的泛滥导致当时的中国人萎靡不振，社会风气日下。

马克思曾说："资产阶级社会的真实任务是建立世界市场（至少是一个轮廓）和以这种市场为基础的生产。因为地球是圆的，所以随着加利福尼亚和澳大利亚的殖民化，随着中国和日本的门户开放，这个过程看来已经完成了。"①传统的农业文明在西方的工商业文明面前基本没有什么抵抗力，西方的工商业文明代表了更高的生产力水平，如果还是抱残守缺坚守农业文明，那么国力就始终上不去，就必须发展工商业，而发展工商业就必须接受工商业文明，原先农业文明的一套根本行不通。"三千年未有之变局"的发生，其实就是由于清王朝闭关锁国，错过了工业革命和大航海时代，思维仍然停留在大陆权时代的争霸阶段，没有意识到海权时代已经来临，从而忽视了海权及航海技术和火器技术的发展而导致的一场国家悲剧。

"重农抑商"和"闭关锁国"是造成中国经济停滞不前的原因。1776年，亚当·斯密在《国富论》中写道："长期以来，中国一直是最富的国家之一，是世界上土地最肥沃、耕种得最好、人们最勤劳和人口最多的国家之一。""在比任何欧洲国家都富裕的中国……似乎长期处于停滞状态。五百多年前访问过中国的马可·波罗所描述的关于其农业、工业和人口众多，与当今的旅行家们所描述的情况几乎完全一致。"在许多其他方面，旅行家们的记载虽有不同，而在这一点上却是一致的：在中国，劳动工资很低，人们感到养活一家人很难。如果农民在地里劳动一整天，到晚上就能够赚到买少量大米的钱，那他们也就心满意足了。技工的生活状况可能就更加糟糕。他们不像欧洲的工人那样，悠闲地待在自己的

---

① 《马克思恩格斯选集》第29卷，人民出版社1972年版，第348页。

作坊里，等待顾客上门，他们是背着工作所需的工具，不断地沿街四处奔走，叫卖自己的服务，好像是在乞求工作。中国最下层人民的贫困，远远超过了欧洲最贫穷国家人民的贫困状况。据说，在广州附近，有数以百计、千计的家庭没有在陆地上的房屋，常常生活在各种河道上的小小渔船中。他们感到在那里缺衣少食，以至于渴望捞到欧洲船只所抛下的最肮脏的垃圾。任何腐臭的肉，例如死狗或死猫，虽已腐烂发臭，他们也十分喜欢，就像其他欧洲国家的人们喜欢最卫生的食物那样。

严复在翻译《国富论》时写道："斯密氏，苏格兰人也，生于雍乾之际，而其言乃若为今之中国发者。时之相去，百有余年，地之相睽，十余万里，而烛照筹稽无以过其明如此，此吾所不得不低首而诚服也。悲也！"严复从《国富论》中省悟道："正是重农抑商的旧习和处理中西贸易问题不当，对中国的经济发展与同西方国家的关系造成不可弥补的大失误。"

📖 延伸阅读

"按：欧洲各国之于进口货也，务出熟而进生，所以求民食其力之易也。独中国之通商不然，其于货也，常出生而进熟，故其商务尤为各国之所喜。中国士大夫高谈治平之略，数千百年来，本未尝研究商务，一旦兵败国辱，外人定条约，箝纸尾，督其署诺，则谨诺之而已，不但不能驳，即驳之，亦不知所以驳也……夫中国虽于仿为奥国（意为弱国），而始为外人所严惮，而恐为其子孙忧者，有二事焉：一曰土地广大，物产浩博也；一曰民庶而勤，作苦治生也。以是二者为之资，设他日有能者导其先路，以言通商，则转物材以为熟货，其本轻价廉，以压彼欧人之市有余。以言兵战，则坚忍耐战，人怀怒心，决非连鸡为栖者所可及。

而是二者之中，其前一尤为欧人之忌。故吾今者故步自封，虽笑讥鄙夷，而实则彼之所祷祀以求者也。……"①

西方商业资本主义主要是为了打开广阔的中国市场。中西冲突的焦点是中国传统朝贡体制与自由贸易制度的对抗。清政府一开始就对西方的贸易冲击采取退缩与封闭政策，自行放弃在南洋开拓的许多贸易据点，压缩贸易口岸。从康熙开始，直到道光，历任皇帝都有不少批示，强调关税的征收并不是看中经济收入，而要注重"嘉惠远人"的政治效应，"天朝嘉惠海隅，并不以区区商税为重，务随时查看情形，固不可于国体有妨"②，并期望通过关税的杠杆作用，将外商的活动范围控制在4个通商口岸之中，以堵绝外夷对天朝的任何和平演变。

1756年（乾隆二十一年），澳门、漳州、宁波、云台山四口贸易改为广州一口贸易。当时朝野上下都认为茶叶、大黄能扼制外人生命（林则徐、邓廷桢、包世臣等人同样持这一观点）。因此，每当中外冲突发生，便以闭市、封舱为威胁，即停止与西方人进行贸易，或将贸易从甲国转让给乙国，作为逼使外夷就范的手段。

在世界发展走向海洋贸易文明的时刻，中国对发展机会的选择产生了严重的失误，其根源在于，中国式小农经济的自足发展体系的稳固性，王朝财政制度的单一性和政治上以重农抑商作为稳定社会秩序防止民间权势增长的传统政策。

马克思曾写道："在这场决斗中，陈腐世界的代表是激于道义原则，而最现代的社会的代表却是为了获得贱买贵卖的特权——这的确是一种悲剧，甚至诗人的幻想也永远不敢创造出这种离奇的悲剧题材。"③更大的

---

① 王栻主编《严复集》第4册，中华书局1986年版，第895—896页。
② 叶孝信、郭建：《中国法律史研究》，学林出版社2003年版，第364页。
③ 《马克思恩格斯选集》第2卷，人民出版社1972年版，第26页。

问题在于，处在康乾盛世下的统治者对于西方的挑战毫无认知。从第一次鸦片战争到第二次鸦片战争，从中法战争到中日甲午海战，清政府都把对付内忧摆在高于任何外患的头等重要的地位，力图把西方引起的冲突当作地方性的问题消极应付。

数千年来，中国人都是以"中国"与"四夷"相对称，也就是用"中国中心"的世界坐标轴来认识世界，并从而构成自给自足的大陆世界体系。但在经过世界的"地理大发现"的时代，以西方为中心的新的坐标点已经确立，与构成中国自足发展体系的核心世界观"天下国家"观和"夷夏之防"的儒家理论，转化为中国人的"自我形象"意识，成为支配我们看待国际社会的思维方式，仍然视其他国家为"藩属"。为迎合中国人的"中国中心观"，意大利传教士利玛窦向明朝所献的世界地图，把中国的地理位置安排在"中心"。但是，他却在《中国札记》一书中，对中国人的这种"天下国家"观念提出了尖锐的批评："因为不知道地球的大小而又夜郎自大，所以中国人认为所有各国中只有中国值得称羡。就国家的伟大、政治制度和学术的名气而论，他们不仅把别的民族都看成野蛮人，而且看成是没有理性的动物。在他们看来，世界上没有其他地方的国王、朝代或者文明是值得夸耀的；这种无知使他们愈骄傲，一旦真相大白，他们就愈自卑。"①

"中国中心观"的时代性悲剧在乾隆年间还有着更为无奈的故事。1792年，为了与中国建立正式外交关系、促进通商，英国国王乔治三世任命马戛尔尼为出使中国使团团长，率团访华。在此行中，马戛尔尼受到乾隆皇帝亲自接见，并曾多次与和珅会晤，得到隆重对待，但所提任何要求几乎都被驳回。1793年8月16日在马戛尔尼等在通州弃船登岸，在北京停留数日后，于9月2日前往热河觐见在那里避暑的乾隆皇帝。9

---

① 《利玛窦中国札记》，中华书局1983年版，第13页。

月 14 日接受皇帝召见，17 日参加皇帝万寿庆典，21 日在不愉快的气氛中被命离开热河，10 月 7 日更在国是谈判没有任何进展的情况下被迫离开北京。总体来说，马戛尔尼使团在中国的经历与之前的欧洲使团并无二致。在中国官方对待外国使团的既定程序之下，马戛尔尼也毫无例外地遭遇了路线问题、礼品问题与礼仪问题。

在马戛尔尼访华中，携带了大量工业文明成果，在 600 多箱献给乾隆皇帝的礼物中有英国最大、装备有 110 门最大口径火炮的"君主号"战舰模型，以及榴弹炮、迫击炮和卡宾枪、步枪、连发手枪等。然而，乾隆皇帝却不以为然，只是将之作为海外国家进呈的一般贡品而已，而英使也只不过是万里迢迢来送贡品，以表示向大清国的恭顺的朝贡国使节而已。乾隆皇帝在英国使团回国时还给英国国王写了一封信，还是以天朝上国的口吻：奉天承运皇帝敕谕英吉利国王知悉，咨尔国王远在重洋，倾心向化，特遣使恭赍表章，航海来廷，叩祝万寿，并备进方物，用将忱悃。朕批阅表文，词意肫恳，具见尔恭顺之诚，深为嘉许。[①]

正如马戛尔尼向英国国王所作出的结论，清廷不过是个对外愚昧无知而极其自大的一群人统治着，内部矛盾激烈且腐朽无比，军队更是像个叫花子毫无战斗力，英国只需要一支舰队就可以击败它。1840 年，外部世界对于古老中国的冲击正式开启，中国顿时陷入内忧外患的黑暗境地。中国迎来了全面性的危机，中国全面危机的中心不是经济制度的崩溃，不是人口增长，不是社会制度的衰败，而是政治领域中的危机。这个危机的直接现象是皇帝制度的废除以及地主–官僚–官吏这个三位一体统治阶级的解体。那时起的中国，自受到了民族危机与国家建设危机的双重挑战。

中国人民经历了战乱频繁、山河破碎、民不聊生的深重苦难。为了

---

① 王为国主编《中华帝王》，经济日报出版社 1997 年版，第 3038 页。

民族复兴，无数仁人志士不屈不挠、前仆后继，进行了可歌可泣的斗争，进行了各式各样的尝试，但终究未能改变旧中国的社会性质和中国人民的悲惨命运。

（一）"洋务运动"的保守尝试

从1861年建立总理衙门，到1895年甲午战争失败，30多年的洋务运动，给中国带来新式军队、新式教育、现代银行体系、现代邮政体系，以及铁路、矿山、铁厂等重工业成果。从19世纪后期的世界发展来看，洋务运动的起步也不算迟缓。以内燃机和电动机带动的"电工技术革命"正以新的力量推动现代化的第二次浪潮。德国、意大利和俄国等都是借助这次大潮迅速崛起的。然而，与日本的明治维新相比，中国所推动的改革从一开始就体现了它的保守性，可以说是最保守党的早期工业化的努力。突出的表现在改革的规模非常有限，是在英法联军兵临城下而逼出来的选择，是应付危机而进行的小修小补。洋务活动所依靠的多是地方实力派，而不是中央政府号令全国一致举办的活动，在全国发展极不平衡。反对洋务活动的顽固派官僚势力很大。以慈禧为代表的朝廷，居中驾驭，以有利于政权的巩固为原则，并不在乎生产力的发展。洋务派创办的军事工业，完全利用传统的官办局厂的办法，委用官员管理，大量插用私人，多领干薪，用士兵充当工人，生产不计成本，产品不投入市场，资金难以为继。创办的民用企业，多采用官督商办体制，控制并监督了商人投资的积极性，利用官许的专利，实行行业垄断，阻碍了民族资本的发生和发展，阻碍了生产力的发展。从始到终，洋务派旨在引进机器方面下功夫，并不研究西方资本主义的生产方式，尤其不注意研究西方资产阶级的政治体制，始终以纲常名教的中学为体，以西方的船坚炮利为用。①

(二) 戊戌变法的失败

甲午战争失败后，士大夫和统治集团形成了空前的共识，觉得不改革不行，连慈禧太后也觉得要改了。然而，光绪皇帝是一个有变革意愿却没有政治经验的人，他所信任的改革家们，也是一些几乎没有政治历练、没有治理经验和行政能力的少壮书生，很多人不懂得官场的游戏规则，想法实际上显得很幼稚。由此而造成的结果是，激进而不切合实际的改革引起了多数人的不满。在这种情况下，康有为在完全不具备条件的情况下，要发动一场注定失败的包围颐和园的政变，结果不但失败，还连累了青年皇帝。"书生误国，庸医杀人。"②

戊戌变法运动失败的原因是多方面的，最主要的因素在于资产阶级维新派过于弱小，而封建保守势力十分强大，最终导致变法运动流产。维新派与封建保守势力的斗争基本上发生在封建王朝的体制内，这也契合戊戌变法运动自上而下的特征。戊戌变法作为一场改良运动，必须经过与其他改良或改革运动相同的步骤，那就是对现有权力与利益进行重新分配。

(三) 辛亥革命迎来的是权威失落

1901年9月，11个国家与中国签订《辛丑条约》时，当时的中国到了历史上最悲惨的时候。本息近10亿两白银赔款，北京至秦皇岛12处地方有外国驻军，华北地区停止科举考试5年，禁止中国人反帝结社，对华武器禁运等。一位美国学者在20世纪20年代说，中国的国家地位和国际地位低到了不能再低的程度。这个条约触发了后来的辛亥革命。

---

① 张海鹏：《东厂论史录：中国近代史研究的评论与思考》，广东人民出版社2005年版，第98页。
② 萧功秦：《危机中的变革：清末现代化进程中的激进与保守》，上海三联书店1999年版，第98页。

孙中山先生大声疾呼"亟拯斯民于水火，切扶大厦之将倾"，高扬反对封建专制统治的斗争旗帜，提出民族、民权、民生的三民主义政治纲领，率先发出"振兴中华"的呐喊。在孙中山先生领导和影响下，大批革命党人和无数爱国志士集聚在振兴中华旗帜之下，广泛传播革命思想，积极兴起进步浪潮，连续发动武装起义，推动了革命大势的形成。

辛亥革命推翻清王朝，结束了两千多年封建君主专制，使民主共和观念深入人心。"由于历史进程和社会条件的制约，由于没有找到解决中国前途命运问题的正确道路和领导力量，辛亥革命没有改变旧中国半殖民地半封建的社会性质和中国人民的悲惨境遇，没有完成实现民族独立、人民解放的历史任务。"①

1919年7月13日，李大钊更是说道："辛亥以后的军阀政客，已竟把个中国弄成灰色了。"②"灰色中国"与孙中山设想的国家蓝图形成了鲜明对比。从这个角度来说，正如后来恽代英所指出的那样，辛亥革命是只有破坏没有建设。实际上，辛亥革命在国家建设上，也的确没有改变清朝末年的那种动荡局面。陈独秀指出，"我始终承认中国国民党在辛亥革命是失败了，至少除剪了一些辫子和挂上一块民国空招牌外，别无所谓成功"，③强调辛亥革命的失败远大于成功。孙中山在1924年国民党一大上检讨："自辛亥革命以后，以迄于今，中国之情况不但无进步可言，且有江河日下之势。军阀之专横，列强之侵蚀，日益加厉，令中国深入半殖民地之泥犁地狱。"④从革命的角度，孙中山认为原因在于："尚未能获一有组织、有纪律、能了解本身之职任与目的之政党故也。"⑤

---

① 习近平：《在纪念辛亥革命110周年大会上的讲话》，人民出版社2021年版，第4页。
② 《李大钊全集》第2卷，人民出版社2013年版，第29页。
③ 《陈独秀文集》第3卷，人民出版社2013年版，第142页。
④ 《孙中山选集》下，人民出版社2011年版，第611页。
⑤ 《孙中山选集》下，人民出版社2011年版，第610页。

中国共产党早期领导人归纳了辛亥革命失败多方面的原因，涉及政治、军事、阶级等方面。总体来看，可以归结为以下三个方面：一是资产阶级发育不完善，带有软弱性。陈独秀指出："辛亥革命所以失败的原因，也正以当时幼稚的中国资产阶级，未曾发达到与封建官僚阶级截然分化的程度，未曾发达到自己阶级势力集中而有阶级的觉悟与革命的需要。"①二是革命的策略与方法出现偏差。辛亥革命爆发以后，国民政府采取了"尊重友邦，承认条约"的做法，这种不能"开罪友邦"的不彻底行为导致中国革命在军阀与帝国主义干涉下难以实现目标。蔡和森认为："这种非革命性（对于外国帝国主义）的精神与期望，现在已证明其完全错误与无效。"②在不触碰帝国主义在华势力前提下开展的革命，本身就带有先天不足。三是辛亥革命后建立的国家机器具有不彻底性。国家机器掌握在什么人手里决定国家面貌如何。1919年3月23日，陈独秀指出："辛亥革命，大半是盗贼无赖，借光复的名义抢劫。"③这表明辛亥革命的组织者本身就带有一定的组织局限性，这局限性也是革命不彻底的根源。

辛亥革命虽没有明确提出反帝口号，但推翻了封建朝廷，而这个封建朝廷是"洋人的朝廷"。辛亥革命就推翻皇帝来说是成功的，就建设民主制度来说是失败的。所以后来有袁世凯称帝，有日本的"二十一条"。与此有连带关系的是，中国在1919年巴黎和会上的外交失败。在巴黎和会上，中国虽是战胜国，却被当作战败国来对待。义和团运动后，中国人的反帝情绪开始高涨，巴黎和会的外交失败更激发了青年学生的愤怒，在近代中国历史上第一次掀起了全国范围的"五四"反帝爱国运动。

作为辛亥革命继任者的中国共产党，如何认识辛亥革命对厘清自身的奋斗目标具有重要价值。历史文献表明，中国共产党早期领导人对辛

---

① 《陈独秀文集》第2卷，人民出版社2013年版，第349页。
② 《蔡和森文集》下，人民出版社2013年版，第655页。
③ 《陈独秀文集》第1卷，人民出版社2013年版，第429页。

亥革命的认识逐渐趋同，既看到了辛亥革命的历史进步意义，也看到了辛亥革命最终失败的事实，并对辛亥革命失败的原因进行了详细探察。正是在以科学态度认识辛亥革命的基础上，中国共产党继承了辛亥革命的未竟事业，在接续奋斗中谱写了中华民族伟大复兴的辉煌历史篇章。

三、从"开天辟地"到"改天换地"

"周虽旧邦，其命维新"，为行大道、开太平，一代接续一代上下求索、变法创制、革故鼎新，让中华文明绵延不绝、生生不息，一脉相承又不拘定法的创新精神，深深熔铸于中华民族的血脉基因。这是近代以来中国追寻梦想的逻辑，"变者，天道也"，但托古改制、变法维新等种种改良方案都无法实现救亡图存、振兴中华，承载着历史选择和人民冀望的中国共产党，把科学真理同中国实际相结合，开启了中国历史上最为深刻的伟大革命，从"走俄国人的路"到"走自己的路"，开辟出一条中国革命、建设、改革的成功道路，用伟大创造点亮伟大梦想的明灯。

1919年11月21日，瞿秋白在《新社会》上发表《革新的时机到了！》，指出，从前中国的革新运动——戊戌新政，庚子以后的新政，辛亥革命，几次几番的再造共和——都不是真正的革新，因为总带着"君子小人"主义的色彩。伟大的革命先行者孙中山先生1911年领导的辛亥革命，推翻了清王朝，结束了两千多年的封建帝制。但是，中国社会的半殖民地半封建性质并没有改变。无论是当时的国民党，还是其他资产阶级和小资产阶级政治派别，都没有也不可能找到国家和民族的出路。

"千磨万击还坚劲，任尔东西南北风。"一个国家实行什么样的主义，关键要看这个主义能否解决这个国家面临的历史性课题。在中华民族积贫积弱、任人宰割的时期，各种主义和思潮都进行过尝试，资本主义道路没有走通，改良主义、自由主义、社会达尔文主义、无政府主义、实用主义、民粹主义、工团主义等也都"你方唱罢我登场"，但都没能解决中国的前途和命运问题。是马克思列宁主义、毛泽东思想引导中国人民走出了漫漫长夜、建立了新中国，是中国特色社会主义使中国快速发展了起来。

中国共产党是马克思列宁主义同中国工人运动相结合的产物，是在俄国十月革命和我国五四运动的影响下，在列宁领导的共产国际帮助下诞生的。只有中国共产党才给人民指出了中国的出路在于彻底推翻帝国主义、封建主义的反动统治，进而转入社会主义。中国共产党一经诞生，就把为中国人民谋幸福、为中华民族谋复兴确立为自己的初心和使命，点亮了实现中华民族伟大复兴的灯塔。

中国共产党团结带领中国人民浴血奋战、百折不挠，打败国内外一切反动势力，取得了新民主主义革命伟大胜利，建立了人民当家作主的中华人民共和国，完成了民族独立、人民解放的历史任务，开启了中华民族发展进步的历史新纪元。

中国共产党在领导中国各族人民为新民主主义而斗争的过程中，经历了国共合作的北伐战争、土地革命战争、抗日战争和解放战争这四个阶段，其间经受了1927年和1934年两次严重失败的痛苦考验。1927年，蒋介石和汪精卫控制的国民党，不顾以宋庆龄为杰出代表的国民党左派的坚决反对，背叛了孙中山所决定的国共合作政策和反帝反封建政策，勾结帝国主义，残酷屠杀共产党人和革命人民。党当时还比较幼稚，又处在陈独秀右倾投降主义的领导下，致使革命在强大敌人的突然袭击下遭到惨重失败，已经发展到6万多党员的党只剩下了1万多党员。[①]

周恩来等同志领导的南昌起义打响了武装反抗国民党反动派的第一

---

① 《中国共产党中央委员会关于建国以来党的若干历史问题的决议》，人民出版社1981年版，第2页。

枪。党的八七会议确定了实行土地革命和武装起义的方针,会后举行了秋收起义、广州起义和其他许多地区的起义。毛泽东同志领导的湖南江西边界地区的秋收起义,创建了工农革命军第一师,在井冈山建立了第一个农村革命根据地。朱德同志领导的起义部队不久就到井冈山会师。随着斗争的发展,党创建了江西中央革命根据地和湘鄂西、海陆丰、鄂豫皖、琼崖、闽浙赣、湘鄂赣、湘赣、左右江、川陕、陕甘、湘鄂川黔等根据地,建立了工农红军第一、第二、第四方面军和其他许多红军部队。在国民党统治下的白区,也在艰苦的条件下,发展了党和其他革命组织,展开了群众革命斗争。在土地革命战争中,毛泽东、朱德同志直接领导的红军第一方面军和中央革命根据地起了最重要的作用。红军各个方面军曾连续击败国民党军队的多次"围剿"。由于王明"左"倾冒险主义领导造成的第五次反"围剿"的失败,第一方面军不得不进行二万五千里长征而转战到陕北,同在那里坚持斗争的陕北红军和先期到达的红二十五军相会合。第二、第四方面军也先后经过长征转战到陕北。红军主力撤离后的一些南方根据地,坚持了艰苦的游击战争。王明"左"倾错误造成的失败使革命根据地和白区的革命力量都受到极大损失,红军从30万人减到3万人左右,共产党员从30万人减到4万人左右。[①]

1935年1月,党中央政治局在长征途中举行的遵义会议,确立了毛泽东同志在红军和党中央的领导地位,使红军和党中央得以在极其危急的情况下保存下来,并且在这以后能够战胜张国焘的分裂主义,胜利地完成长征,打开中国革命的新局面。这在党的历史上是一个生死攸关的转折点。

在日本帝国主义加紧对我国的侵略、民族危机空前严重的关头,以

[①] 《中国共产党中央委员会关于建国以来党的若干历史问题的决议》,人民出版社1981年版,第2—3页。

毛泽东同志为首的党中央决定和实行了正确的抗日民族统一战线政策。党领导了"一二·九"学生运动，掀起了要求停止内战、抗日救亡的强大群众斗争。张学良、杨虎城两将军发动的西安事变以及我们党促成的这次事变的和平解决，对推动国共再次合作、团结抗日，起了重大的历史作用。抗战期间，国民党统治集团继续反共反人民，消极抗战，因而在抗日的正面战场上节节败退。我们党坚持统一战线中独立自主的政策，紧密地依靠广大人民群众，开展敌后游击战争，建立了许多抗日根据地。由红军改编的八路军、新四军迅速地发展成为抗战的中坚力量。东北抗日联军在十分困难的情况下坚持战斗。在敌占区和国民党统治区，广泛开展了各种形式的抗日斗争。这样，中国人民的抗日战争才能够坚持十四年之久，并同苏联和其他国家人民的反法西斯战争互相支援，直到取得最后胜利。[①]

抗日战争期间，我们党从1942年开始在全党进行整风，这场马克思主义的思想教育运动收到了巨大的成效。在此基础上，1945年党的六届七中全会作出了《关于若干历史问题的决议》，接着举行了党的第七次全国代表大会，总结了历史的经验，为建立新民主主义的新中国，制定了正确的路线、方针和政策，使全党在思想上、政治上、组织上达到空前的统一和团结。抗日战争结束后，蒋介石政府依赖美国的援助，拒绝我们党和全国人民关于实现和平民主的正义要求，悍然发动全面内战。党在全国各解放区人民的全力支持下，在国民党统治区学生运动、工人运动和各阶层人民斗争的有力配合下，在各民主党派和无党派民主人士的积极合作下，领导人民解放军进行了三年多的解放战争，经过辽沈、平津、淮海三大战役和渡江作战，消灭了蒋介石的八百万军队，推翻了国民党反动政府，建立了伟大的中华人民共和国。从此，中国人民

---

① 《中国共产党中央委员会关于建国以来党的若干历史问题的决议》，人民出版社1981年版，第4页。

站起来了[①]。

以毛泽东同志为主要代表的中国共产党人，团结带领全党全国各族人民，经过长期浴血奋斗，完成了新民主主义革命，建立了中华人民共和国，确立了社会主义基本制度，完成了中华民族有史以来最为广泛而深刻的社会变革，为当代中国一切发展进步奠定了根本政治前提和制度基础。在探索过程中，虽然经历了严重曲折，但党在社会主义革命和建设中取得的独创性理论成果和巨大成就，为在新的历史时期开创中国特色社会主义提供了宝贵经验、理论准备、物质基础。

四、改革开放是一次伟大的觉醒

我们党领导人民进行社会主义建设，有改革开放前和改革开放后两个历史时期。这是两个相互联系又有重大区别的时期，但本质上都是我们党领导人民进行社会主义建设的实践探索。改革开放前的社会主义实践探索为改革开放后的社会主义实践探索积累了条件，改革开放后的社会主义实践探索是对前一个时期的坚持、改革、发展。不能用改革开放后的历史时期否定改革开放前的历史时期，也不能用改革开放前的历史时期否定改革开放后的历史时期。正确处理改革开放前后两个历史时期的关系，不仅是一个历史问题，更主要的是一个政治问题。如果这个重大政治问题处理不好，就会产生严重政治后果。要牢固树立正确历史观，既不能割断历史，也不能虚无历史，坚持做到新民主主义革命的胜利成果决不能丢失，社会主义革命和建设的成就决不能否定，改革开放和社会主义现代化建设的方向决不能动摇。

[①] 《中国共产党中央委员会关于建国以来党的若干历史问题的决议》，人民出版社1981年版，第4—5页。

毛泽东同志在延安时期就强调:"马克思列宁主义的伟大力量,就在于它是和各个国家具体的革命实践相联系的。对于中国共产党说来,就是要学会把马克思列宁主义的理论应用于中国的具体的环境。成为伟大中华民族的一部分而和这个民族血肉相联的共产党员,离开中国特点来谈马克思主义,只是抽象的空洞的马克思主义。"① 邓小平同志也提出:"绝不能要求马克思为解决他去世之后上百年、几百年所产生的问题提供现成答案。列宁同样也不能承担为他去世以后五十年、一百年所产生的问题提供现成答案的任务。"②

邓小平同志在《解放思想,实事求是,团结一致向前看》的讲话中曾指出:"一个党,一个国家,一个民族,如果一切从本本出发,思想僵化,迷信盛行,那它就不能前进,它的生机就停止了,就要亡党亡国。"③ 1978年,党和国家正在面临何去何从的重大历史关头。改革开放是我们党的一次伟大觉醒,正是这个伟大觉醒孕育了我们党从理论到实践的伟大创造。从农村到城市,从试点到推广,从经济体制改革到全面深化改革;从沿海到内陆,从"打开国门"到"全方位开放",从加入世贸组织到共建"一带一路"。中国进行改革开放,顺应了中国人民要发展、要创新、要美好生活的历史要求,契合了世界各国人民要发展、要合作、要和平生活的时代潮流。"人民生活跃进新天地。从1978年到2017年,全国城镇人均可支配收入由343元增加到36000多元,农村居民人均纯收入由134元增加到13400多元;基本医疗保险、社会养老保险从无到有,分别覆盖13.5亿人、9亿多人;从相对落后的教育水平到跃居世界中上行列,城乡免费义务教育全面实现,高中阶段、高等教育毛入学率分别达88.3%、45.7%;7亿多人口摆脱绝对贫困,占同期全球减贫人口总数

---

① 《毛泽东选集》第2卷,人民出版社1991年版,第534页。
② 《邓小平文选》第3卷,人民出版社1993年版,第291页。
③ 《邓小平文选》第2卷,人民出版社1994年版,第143页。

的70%以上……一组组数据、一个个数字，记录着亿万中国人民生活从短缺到比较殷实、从贫困到小康的历史性跨越。从凭票证购买商品到通过电商'买遍全球'，从单调的文化生活到多姿多彩的影幕、荧屏、舞台，从'自行车王国'到高铁总里程世界第一……一串串事例、一幕幕场景，印证着每一个中国人生活翻天覆地的变化。"①

改革开放是在总结我国社会主义胜利和挫折的历史经验并借鉴其他社会主义国家兴衰成败历史经验的基础上，逐步形成和发展起来的。邓小平同志深刻指出："如果现在再不实行改革，我们的现代化事业和社会主义事业就会被葬送。"②我国生产力不发达、经济落后的原因之一，是由于长期实行封闭政策。

1984年，邓小平同志提出了"我们把改革当作一种革命"的论断，之后又提炼出"改革是中国的第二次革命"的表述，向人民群众说明了改革开放的历史定位。以革命为话语承载，邓小平同志详细阐述了改革开放的科学内涵，他指出："这是一场根本改变我国经济和技术落后面貌，进一步巩固无产阶级专政的伟大革命。这场革命既要大幅度地改变目前落后的生产力，就必然要多方面地改变生产关系，改变上层建筑，改变工农业企业的管理方式和国家对工农业企业的管理方式，使之适应于现代化大经济的需要。"③

但改革开放的航船扬起风帆不久，就遇到了强烈的顶头风，就是1989年开始的东欧剧变和1991年的苏联解体。苏东剧变使国际共产主义运动坍塌了大半边天。20世纪80年代社会主义各国最繁荣时，领土面积占世界陆地面积1／4以上，人口和国民收入均占世界1／3，工业产值占世界2／5。而剧变后原来的15个社会主义国家锐减为5个，就是中国、

---

① 宣言：《改革开放天地宽》，《人民日报》2018年8月13日。
② 《邓小平文选》第二卷，人民出版社1994年版，第150页。
③ 《邓小平文选》第三卷，人民出版社1994年版，第135—136页。

古巴、越南、老挝、朝鲜，土地面积减少了70%，人口减少了22%。世界各国共产党也由原来的180个左右减少为130个左右，党员人数由原来的9100万左右减少为6600万左右。除了中国共产党还有5600多万名党员，其他所有共产党的党员加起来还不足1000万，净减少70%以上。当时就有西方政治家就迫不及待地宣布"发源于20世纪的共产主义必将终结于20世纪"。他们认为，从1991年苏联解体算起，中国共产党最多也撑不过9年。

世界社会主义事业跌入低谷，面对黑云压城的国际形势，中国如何应对？已经"船到中流"的中国改革开放事业，是前进还是后退？问题如同两块大石头，压在中国共产党人心头。党内围绕改革开放政策的争论，随着形势突变迅速向一方倾斜。有人对"一个中心、两个基本点"的基本路线动摇了，认为现在"反和平演变"是压倒一切的任务。最严重、最危险的是经济领域，是姓"社"还是姓"资"。特别是安徽芜湖的"傻子瓜子"，已雇工100多人，是典型的新生资产阶级。还有人说经济特区其实就是变相的"租界"，我们《社会主义好》的歌里唱的"帝国主义夹着尾巴逃跑了"，"现在又翘着尾巴回来了"。有些沉寂已久的领导干部和理论家，也重新活跃起来，到处讲话、写文章，提出要用"马克思主义的基本原则"重新审视党的十一届三中全会以来的所有改革开放措施。

邓小平同志决定趁自己还走得动时，依靠个人的意志力和影响力，再推中国一把，给正在减速的改革注入新的动力和活力。1992年1月18日至2月21日，中国改革开放和现代化建设总设计师邓小平以88岁的高龄视察武昌、深圳、珠海、上海等地并发表了重要谈话，如一声春雷，宣告了中国特色社会主义新的春天来临。闪耀着马克思主义光辉、标志着邓小平理论成熟的南方谈话，无疑是当代中国特别是改革开放以来最重要的思想文本之一。他通过与革命类比的方式，阐释了"革命是解放生产力，改革也是解放生产力"，指出了"推翻帝国主义、封建主义、官僚资本主义的反动统治，使中国人民的生产力获得解放，这是革命，所以革命是解放生产力。社会主义基本制度确立以后，还要从根本上改变束缚生产力发展的经济体制，建立起充满生机和活力的社会主义经济体制，促进生产力的发展，这是改革，所以改革也是解放生产力"①。

第一，坚持四项基本原则作为推进社会主义现代化建设事业的根本方向和政治前提，强调要将其贯穿于整个改革开放的历史进程之中。正如邓小平同志所言："过去行之有效的东西，我们必须坚持，特别是根本制度，社会主义制度，社会主义公有制，那是不能动摇的。"②邓小平同志深刻认识到资产阶级自由化泛滥可能导致的严重后果，旗帜鲜明地指出："在整个改革开放的过程中，必须始终注意坚持四项基本原则。"③其中，坚持党的领导是坚持四项基本原则的根本核心。回顾历史，党的领导贯穿于中国革命、建设、改革和新时代的全过程，团结带领中国人民创造出四个伟大成就，对社会主义事业兴旺发达起到决定性作用，是中国特色社会主义最本质的特征和最大制度优势。坚持马克思列宁主义、毛泽东思想是坚持四项基本原则的理论基础。一个民族要走在时代前列，就一刻不能没有理论思维，一刻不能没有正确思想指引。马克思主义指明社会主义必然战胜资本主义的历史发展规律，与其中国化创新理论一道成为我们认识世界、改造世界的强大思想武器，是坚持和发展中国特色社会主义的理论保障。

第二，改革就是解放和发展生产力，改革开放要敢于试验、勇于创新。进入20世纪90年代，随着改革开放不断深入、扩大，其中积累的内部矛盾和社会问题开始集中凸显，又恰逢苏东剧变及其引发的世界社会

---

① 《邓小平文选》第3卷，人民出版社1993年版，第370页。
② 《邓小平文选》第2卷，人民出版社1994年版，第133页。
③ 《邓小平文选》第3卷，人民出版社1993年版，第379页。

主义运动重大曲折带给中国强烈震撼，有些人开始对改革开放产生怀疑。邓小平同志一方面强调改革开放的重要性，指出："中国要警惕右，但主要是防止'左'"，"把改革开放说成是引进和发展资本主义，认为和平演变的主要危险来自经济领域，这些就是'左'"①；另一方面又重申改革开放的必要性，指出："革命是解放生产力，改革也是解放生产力"，"改革开放胆子要大一些"，"社会主义要赢得与资本主义相比较的优势，就必须大胆吸收和借鉴人类社会创造的一切文明成果，吸收和借鉴当今世界各国包括资本主义发达国家的一切反映现代化生产规律的先进经营方式、管理办法"。②开放本身就是一大改革，关起门来是搞不了改革的，要凝聚广大干部群众的改革开放共识。闭关自守不能发展中国，不改革是死路一条，闭关锁国也是死路一条。

第三，坚持以经济建设为中心，是党的基本路线的核心，充分体现了社会主义本质的内在要求，是解决中国社会主要矛盾的根本途径。邓小平同志强调："社会主义的本质，是解放生产力，发展生产力，消灭剥削，消除两极分化，最终达到共同富裕。"③市场长期被视为资本主义经济特有的要素，在社会上引起了姓"资"姓"社"的争论。关键时刻，邓小平同志提出"三个有利于"（是否有利于发展社会主义社会的生产力、是否有利于增强社会主义国家的综合国力、是否有利于提高人民的生活水平）的判断标准，厘清市场经济、计划经济与资本主义、社会主义之间的关系，强调改革"要从根本上改变束缚生产力发展的经济体制，建立起充满生机和活力的社会主义经济体制，促进生产力的发展"④。这不仅为社会主义市场经济体制的确立和发展奠定了思想基础，而且直接促进

---

① 中共中央文献研究室编《十三大以来重要文献选编》（下），人民出版社1993年版，第1856页。
② 《邓小平文选》第3卷，人民出版社1993年版，第370—373页。
③ 《邓小平文选》第3卷，人民出版社1993年版，第373页。
④ 《邓小平文选》第3卷，人民出版社1993年版，第370页。

了中国经济的再次腾飞。

南方谈话涉及改革开放以来党和国家实行的一系列重大路线、方针、政策，涵盖极为丰富的求实创新思想，核心内容在于坚持党的基本路线一百年不动摇，即要坚持党的十一届三中全会以来的路线、方针、政策，关键是坚持"一个中心、两个基本点"。"基本路线要管一百年，动摇不得。"南方谈话不仅对改革开放和现代化建设事业具有重要指导作用，而且对新时代全面建设社会主义现代化国家、实现中华民族伟大复兴具有重大而深远的现实意义。以经济建设为中心是兴国之要，四项基本原则是立国之本，改革开放是强国之路，这个基本路线是党和国家的生命线、人民的幸福线。

📖 延伸阅读

南方谈话的三个重要场景[①]

深圳—珠海—顺德—广州，已经退休的广东省委原副秘书长、广州市政协原主席陈开枝对这条线路非常熟悉。1992年，他陪同邓小平走过这条线路，邓小平一路上的若干次谈话，成为载入中国改革史的南方谈话。邓小平的南方谈话留下了三个重要场景。

场景一　中巴车上的谈话

1月17日夜，邓小平的专列驶离北京。

邓小平先是在武汉、长沙的火车站做了短暂停留，到达深圳火车站的时间是1月19日上午9点。10分钟后，他乘中巴到达深圳迎宾馆，住进了桂园别墅。考虑到他已经坐了一天两夜的火车，本来安排他先好好休息，可他刚到桂园不久就说："到了深圳，我坐不住啊，想到外边去看看。"

---

① 《南方谈话的三个重要场景》，人民网，2017年12月7日。

对邓小平来说，深圳就像他的孩子，他1984年来过一次。8年不见，听到风言风语那么多，他急切地想仔细打量打量这个孩子。就在为他备车的间隙，广东和深圳的领导干部陪他在院子里散步。

行前邓小平已经让工作人员传话，他这次来，不听汇报，不要陪餐，不题词，不摄影，不报道，新闻单位不派记者跟访。结果人民日报、新华社、中央电视台等中央媒体都没派记者。"不报道，不等于不留下历史材料，为了对历史、对人民负责，我对邓小平办公室的同志说，中央媒体不派人，广东当地的媒体应该来，人员由我定，责任由我负。邓办的同志同意了我的意见。后来，新华社广东分社、广东电视台、南方日报都派了记者。经研究，深圳、珠海也派少数记者参加。"陈开枝说。

时任广东省委书记谢非告诉邓小平，一会儿参观深圳市容，邓小平笑着问："这样会不会招摇过市？"谢非马上说："不会，不会。广东、深圳的人民都想念您。有很多干部都等着您接见，排着队哩。"邓小平说："不要见了。因为见了少数，得罪了多数。就是出去走走，看看市容。"

上车后，时任深圳市委书记李灏向邓小平介绍深圳改革开放以来的巨大变化。邓小平说："深圳如果不搞改革开放，现代化建设不知要等到哪一年。深圳的建设成就，明确地回答了那些有这样那样担心的人的问题。"

谈到经济发展问题时，邓小平说："亚洲'四小龙'发展很快，你们要用20年时间超过'四小龙'。'四小龙'中的新加坡不但经济发展很快，社会秩序也比较好。你们要在两个文明建设方面，都超过'四小龙'，这才是有中国特色的社会主义。改革开放胆子要大一点，敢于试验，不能像小脚女人一样。"

谈到刚刚出现的股票市场时，邓小平说："股票市场也有不少人担心是资本主义，所以让深圳和上海先搞试验。看来，你们的试验是成功的，证明资本主义能用的一些东西，也可以为社会主义所用。许多东西要敢于试。不试，学不到经验，也培养不出人才。开始办特区，不知道怎么搞，试一下，慢慢就懂了。通过试验，证明不行，就改。一个人要是不下水，就学不会游泳。"

这次"中巴谈话"，是南方谈话的第一个重要场景。

中巴车慢慢驶至皇岗口岸，这里与香港只隔着一条深圳河。"老人家在这里站了很久，一句话也没说。当时的风很大，他的衣领都被吹得翻动起来。我上前轻声说：'风大，请您上车吧！'他依然沉默地望着深圳河对面那片土地。"陈开枝说。

场景二　国贸大厦的谈话

1月20日上午，本来是安排邓小平在国贸大厦看看风景、听听汇报，没留多少时间，结果他讲了近一个小时。

李灏结合一张深圳特区总体规划图，给邓小平作了简要汇报：1984年，深圳的人均国民收入是600元，现在是2000元；建立了有计划的社会主义商品经济体制，进行物价体制改革、住房分配制度改革、金融体制改革……邓小平很高兴，说："深圳的重要经验就是敢闯，没有一点闯的精神，没有一点'冒'的精神，没有一股气呀，劲呀，就走不出一条好路，走不出一条新路，就干不出新的事业！""改革开放迈不开步子，不敢闯，说来说去就是怕资本主义的东西多了，怕走了资本主义道路。要害是姓'资'还是姓'社'的问题，判断的标准，应该主要看是否有利于发展社会主义的生产力，是否有利于增强社会主义国家的综合国力，是否有利于提高人民的生活水平。"

"当时我一听到这'三个有利于'，哎呀！感觉就像三伏天里吃了冰镇西瓜，畅快淋漓。我还记得，邓小平还习惯性地举起右手，加重语气说——要坚持党的十一届三中全会以来的路线、方针、政策，关键是坚持'一个中心，两个基本点'。他又说——我讲过多次，如果没有改革开放的成果，政治风波这个关我们就闯不过，闯不过就乱。那天他说的那些话，我现在都记得清清楚楚。"陈开枝说。

国贸大厦的一名工作人员在回忆起那段往事时，记得最为清楚的一句话就是："不坚持社会主义，不改革开放，不发展经济，不改善人民生活，只能是死路一条。基本路线要管100年，动摇不得。"

在国贸大厦的旋转餐厅，邓小平谈到新加坡的经验，强调两手都要硬，经济搞好了，社会风气搞坏了，还是失败的。他说："开放以后，一些腐朽的东西也跟着进来了，中国的一些大城市也出现了腐败的现象……对这些现象要注意克服，要很好地抓，不能让其发展。这一点我们应该是能办得到的。新中国建立之后，共产党一领导，社会主义的方针一确立，这些东西就曾经一扫而光。消灭吸鸦片烟、吃'白面'，世界上谁能消灭得了？国民党办不到，资本主义办不到。在旧中国，云南的军队是很有名的'两条枪'嘛，解放后就变成了一条枪了嘛。龙云的鸦片烟瘾也戒了。事实证明，共产党能够消灭腐败的东西。"

邓小平接着讲道："中国出问题，不是出在其他什么方面，而是出在共产党内部。苏联、东欧的问题，就是出在共产党内部。如果我们党出问题……整个国家肯定出大问题。所以，对这个问题要有自觉性，老同志尤其要有这个自觉性。"

在国贸大厦的行程严重超时，邓楠在邓小平耳边提醒说，还要到别的地方参观，他笑着说："人老了，岁数大了，话也多了，就讲这些吧。"

"国贸大厦谈话"是邓小平南方谈话的第二个重要场景，也是他到深圳后第一次有系统、有重点的谈话，堪称南方谈话中最重要的一次谈话。在他离开的时候，得到消息的人赶到国贸大厦一层大厅，争睹邓小平真容。尽管现场十分拥挤，但并不混乱，邓小平一出现，人们就自动给他让出了一条路。

场景三　临别的谈话

1月21日，邓小平参观了华侨城的民俗文化村和锦绣中华微缩景区，高兴地观看少数民族舞蹈，并和家人在布达拉宫景区前合影。在回宾馆的途中，邓小平心里惦记的是全国各族人民的生活。他说："走社会主义道路，就是要逐步实现共同富裕；共同富裕就是一部分地区有条件先发展起来，一部分地区发展慢点，先发展起来的地区带动后发展的地区，最终达到共同富裕；如果富的愈来愈富，穷的愈来愈穷，两极分化就会产生，而社会主义制度就应该而且能够避免两极分化，解决的办法之一就是先富起来的地区多交点利税，支持贫困地区的发展。"

第二天上午，邓小平到仙湖植物园参观，并亲手种下一棵高山榕。参观时，他见到一棵奇特的树，植物园的负责人告诉他，广东人叫这种树为"发财树"。"邓楠说：'我们也种一棵发财树。'邓小平说：'让全国人民都种，让全国人民都发财！'我心想这不就是让大家共同富裕吗？"陈开枝说。

下午，邓小平集体接见了一些党政军领导人和媒体。

"老人家一开始说一个人都不接见，只是来休息。等到他把话讲得差不多了，我们都很激动了，他大概也很激动了，就开始大量接见。"深圳市委宣传部原副部长吴松营说。

邓小平对大家说："改革开放政策，从一开始就有反对意见。并不是一致的，有一段时间反对的意见闹得比较凶。我说不争论，愿意干就干，干多少是多少。这样，原来反对的人才慢慢跟上来了。一争论，就复杂了……把时间都'争'掉了。不争论，就这么试，大胆地试。"

在谈到计划与市场的关系时，邓小平说："计划多一点还是市场多一点，不是社会主义与资本主义的本质区别。计划经济不等于社会主义，资本主义也有计划。市场经济不等于资本主义，社会主义也有市场。计划和市场都是经济手段。"

邓小平再次谈到共同富裕："社会主义的本质是解放生产力，发展生产力，消灭剥削，消除两极分化，最终达到共同富裕。"

这场"临别谈话"，是邓小平南方谈话的第三个重要场景。

1月23日，邓小平准备乘船离开深圳，前往珠海。在上船的踏板上走了几步，他突然转过身，将右手抬到胸前，挥了一下，对紧跟上来的李灏说："希望你们搞得快一点。"这是邓小平对深圳的最后一句嘱咐。

在珠海，邓小平再次讲到社会主义的优越性等问题。在珠海芳园大厦29层的旋转餐厅，邓小平看到了澳门。他说，社会主义代替资本主义是必然的，但道路是曲折的。"一些国家出现严重曲折，社会主义好像被削弱，但人民经受锻炼，从中吸收教训，将促使社会主义向着更加健康的方向发展。因此，不要惊慌失措，不要认为马克思主义就消失了，没用了，失败了。哪有这回事！"

在顺德，邓小平考察了乡镇企业，谈道："特区姓'社'不姓'资'，乡镇企业也是姓'社'不姓'资'。"随后，他到广州乘火车前往上海，2月21日回到北京，结束了他的最后一次南方之行。

五、走好新时代的改革开放之路

当代中国的伟大社会变革，不是简单延续我国历史文化的母版，不是简单套用马克思主义经典作家设想的模板，不是其他国家社会主义实践的再版，也不是国外现代化发展的翻版，不可能找到现成的教科书。

在改革开放历史新时期，以邓小平同志为主要代表的中国共产党人，作出把党和国家工作中心转移到经济建设上来、实行改革开放的历史性决策，深刻揭示社会主义本质，确立社会主义初级阶段基本路线，明确提出走自己的路、建设中国特色社会主义，科学回答了建设中国特色社会主义的一系列基本问题，成功开创了中国特色社会主义。

以江泽民同志为主要代表的中国共产党人，在国内外形势十分复杂、世界社会主义出现严重曲折的严峻考验面前，捍卫了中国特色社会主义，确立了社会主义市场经济体制的改革目标和基本框架，确立了社会主义初级阶段的基本经济制度和分配制度，成功把中国特色社会主义推向21世纪。

以胡锦涛同志为主要代表的中国共产党人，在全面建设小康社会进程中推进实践创新、理论创新、制度创新，强调坚持以人为本、全面协调可持续发展，成功在新的历史起点上坚持和发展了中国特色社会主义。

当代中国以思想解放推动社会变革，以对外开放促进国内改革，从学习借鉴他人经验做法，到全面推进理论创新、制度创新、科技创新、文化创新，奋力追赶和引领日新月异的时代潮流。党的十八大以来，以习近平同志为核心的党中央，准确把握中国特色社会主义的历史新方位、时代新变化、实践新要求，科学回答当今时代和当代中国发展提出的重大理论和现实问题，推进中国特色社会主义事业总体布局和战略布局，确立新时代坚持和发展中国特色社会主义的基本方略，统揽伟大斗争、伟大工程、伟大事业、伟大梦想，推动中国特色社会主义进入了新时代。

"改革开放是决定当代中国命运的关键一招，也是决定实现'两个一百年'奋斗目标、实现中华民族伟大复兴的关键一招。"①习近平总书记用"关键一招"这个既富于中国文化传统又生动鲜活的百姓话语，深刻

---

① 中共中央宣传部编《习近平总书记系列重要讲话读本》，人民出版社、学习出版社2014年版，第38页。

表达出中国共产党人和亿万中国人民对改革开放的认识和感悟，宣示了当代中国坚定不移推进改革开放的信念和决心。正是靠着改革开放，不断打破束缚思想的桎梏、扫除阻碍发展的藩篱，我们成功开启了新的壮阔征程，开创了新的前进道路，开辟了新的发展空间，古老而又年轻的社会主义中国走向充满希望、充满生机的新天地。今日之中国更上层楼，仍要鼓足那一股子气、一股子劲，以全面深化改革破利益固化之藩篱，以持续扩大开放战封闭孤行之逆流，再闯出一片更加广阔的新的天地。改革开放，对于无限接近伟大梦想的当代中国，只有进行时、没有完成时，唯有迎难而上，向荆棘挺进，一览无限风光。

新时代的改革开放之路要始终做到理论创新。需要更深入的理论探索和理论思考，进一步明晰新时代改革开放的理论逻辑，以理论上的彻底来保证改革的方向不变、道路不偏、力度不减，用理论上的清醒保证政治上坚定、行动上坚决。新时代乃至更远未来的改革开放，应该有意识地追求主体意义、历史意义和世界意义。

新时代的改革开放之路要始终做到方向正确。改革开放是前无古人的伟大创造，没有历史经验可资借鉴，也不能照搬西方模式。40多年来，从农村到城市，从试点到推广，从经济体制改革到全面深化改革，"改不改"的回答更加坚定，"改什么""怎么改"的认识更加一致，决不走封闭僵化的老路，决不走改旗易帜的邪路。全面深化改革，就是要让中国共产党的领导这个中国特色社会主义最本质特征、最大制度优势充分彰显，让中国特色社会主义制度更加成熟、更加定型，让国家治理体系和治理能力实现现代化。持续扩大开放，就是要让中国在更大范围走向世界、更高层次融入世界，为中国改革发展注入强大动力，为人类和平与发展作出更大贡献。

新时代的改革开放之路要始终做到问题导向。顶层设计与基层探索良性互动，推动"实践—认识—实践"的螺旋式上升；注重系统性整体性协同性，下"一盘棋"、打"组合拳"；着眼于破解难题、攻克难关、解决经济社会发展深层次矛盾和问题，切实增强发现问题的敏锐、正视问题的清醒、解决问题的自觉。我们现在所处的，是一个"船到中流浪更急、人到半山路更陡"的时候，是一个愈进愈难、愈进愈险而又不进则退、非进不可的时候。改革开放已走过千山万水，但仍需跋山涉水，摆在全党全国各族人民面前的使命更光荣、任务更艰巨、挑战更严峻、工作更伟大。

制度创新是新时代改革开放之路的落脚点。要强化依法治理，善于运用法治思维和法治方式解决城市治理顽症难题，让法治成为社会共识和基本准则。要通过制度创新，着眼于解决高质量发展中遇到的实际问题，着眼于建设更高水平的社会主义市场经济体制需要，在完善要素市场化配置体制机制、创新链产业链融合发展体制机制、市场化法治化国际化营商环境、高水平开放型经济体制、民生服务供给体制、生态环境和城市空间治理体制等重点领域先行先试。要优化政府管理和服务，全面推行权力清单、责任清单、负面清单制度，加快构建亲清新型政商关系。这些都充分表明，新时代改革开放在内涵和特点、重点和难点、方法和任务等方面发生了根本性变化。谋划和推进全面深化改革，必须深刻把握和主动适应这个根本性变化，在制度创新上进行结构性、系统性转变和转化。

六、深刻理解"中国之治"的有效性

党的十九届四中全会指出，中国特色社会主义制度和国家治理体系是以马克思主义为指导、植根中国大地、具有深厚中华文化根基、深得人民拥护的制度和治理体系，是具有强大生命力和巨大优越性的制度和治理体系。深刻理解"中国之治"，是推进国家治理体系和治理能力现代化的重要逻辑起点。这需要我们把握国家治理历史情境多元性、话语叙事建构性和治理工具多样性的三重维度，进而更加坚定地推动中国特色社会主义制度不断完善和发展。

"中国之治"注重历史情境的背景性因素，通过透视这些因素可以洞察在国家与社会之间深层次互动中所形成的国家治理。马克思主义唯物史观告诉我们，社会形态的变迁是具有规律性的，而国家治理的制度选择与具体模式不是机械的线性演变，而是历史与现实相联结的一种结果。历史事实表明，凡是能够持续稳定并不断发展的国家，必然与其所对应的历史、文化和社会相契合。在这种巧妙的契合中，历史、文化和社会塑造了国家结构和体系。反过来，它又影响着历史、文化和社会向前发展，并建构起具有稳固文化传统和社会心理的国家认同。

对于一个国家而言，治理模式的选择深刻地嵌入于特定的历史情境。古代中国留传下来的是疆域广袤、文化多样和区域不均衡发展的总体框架，以及由此而形成的治理逻辑。以德治国、民本思想和"忠孝"伦理价值观等为当代中国的国家治理奠定了秩序根基，并提供了强有力的精神支撑。中国的独特文化曾经是在国家高度集中统一的规模体系中形成的，反过来又加固了这样一种治理格局。中国的现代化进程主要源于外生性的国家危机，起始于因外来文明竞争而兴起的"赶超型现代化"的历史情境之中，并拉开了中国近代以来革命历史的帷幕。中国的革命历史在回应庞大的规模、衰颓的权威、分裂的社会和孱弱的机体的国家危机中逐步演进，进而完成了对经济、政治、文化和社会等一系列改造任务。改革开放以来的中国国家治理构建起了较为完备的基础性和常规性制度安排，为政府、市场和社会提供了规范运行的政治法律依托、强制性权力保障，以及包容性的制度空间和基础性的国家秩序。历史情境揭示，中国国家治理呈现出古代中国、近现代中国与当代中国在价值、制度和运行上相互叠加，构成了难以简单透视的多面体。"三重历史"的逻辑对坚持党的领导、人民当家作主和依法治国的有机统一提出了内在要求，使国家既有的价值观念在现代化进程中得以赓续和变化，这是中国国家治理转型的历史规定性。

"中国之治"注重话语叙事的建构性。以话语叙事为载体的社会意识对社会存在的反作用，使得话语叙事成为影响社会发展的一股重要力量。话语叙事所反映的是人们在"先存的心智构念"基础上形成的信念、认知、心智构念和意向性，在很大程度上影响了一个国家选择什么样的经济、政治和法律等制度，以及采取什么样的方式治理政府和社会。话语权力进入国家的治理实践往往会对一些社会秩序和制度安排形成某种偏好，提供解决方案，并形成政党、国家、社会和市场的权力结构，带来不同的治理绩效。

中国国家治理的话语叙事在"政党-国家-社会"三者的关系上破题，厘清了中国共产党为什么是国家治理现代化进程中的核心领导力量，以及如何形成在宏观、中观和微观层面的治理制度安排。此外，中国话语叙事的建构也同西方话语进行交流，将西方理论家所谓的先验性感知、经验、标准和原则加以去粗取精、去伪存真，对关键历史时间节点、重要历史人物、不同治理主体和社会公众行为对治理环境的重塑及其相互作用的过程作出有效的话语解释。

"中国之治"重视治理工具的多样性。国家不是一个被动的客体，而是一个可以与社会发生互动的行为主体。国家与社会的互动本身就嵌入于历史情境与话语叙事之中，互动的结果是国家治理在具体治理工具上的选择差异。在实践中，没有任何一种放之四海而皆准的规则、体系或工具能够回应复杂的治理问题，并解决不同时代提出的不同议题。

治理工具涉及自上而下的"控制－命令"、自下而上的"自主－自治"和横纵向间的"合作－博弈"等不同政策工具组合，依托不同治理主体的资源禀赋和治理能力，产生不同的治理绩效。治理工具的选择服务于所需回应时代的公共问题，依环境变数来解释工具如何运作，特别要与具体公共政策背景和议题相匹配。中国国家治理需要在垂直和水平层次上不断创建组合式的工具，确定适合解决中国问题的政府角色及与之相适应的治理工具集合、地方治权结构、基层治理机制和技术治理工具等。国家治理工具集合选择要能够使国家治理制度和措施纳入法治化轨道，建立一个合理、稳定且可持续的现代国家运行体制，形成组织、人力、财力和信息等治理资源相互联动、相互契合的资源配置体系。"中国之治"围绕"使市场在资源配置中起决定性作用，更好发挥政府作用"形成组合式治理工具，在社会主义市场经济体制、财税体制、混合所有制改革等方面充分发挥市场的效用。同时，构建"兜底型、法治型、合作型、监管型和回应型"的好政府，组合式运用不同类型的治理工具，应对复杂多变的治理问题。

"鞋子合不合脚，自己穿了才知道。"一个国家实行什么样的主义，主要是看这个主义能否契合这个国家的历史，能否解决这个国家不同时期的重大课题。中国特色社会主义是中国人民在中国共产党的领导下探索出的一条契合中国历史和现实的成功道路。它植根中国大地、反映中国人民意愿、适应了中国和时代发展进步要求。坚持科学社会主义基本原则，立足中国实际、结合时代特点，突破了单一公有制、计划经济的固有模式，创造性地提出和发展了社会主义市场经济，极大解放和发展了社会生产力；完善和发展了党的领导、人民当家作主、依法治国有机统一的社会主义民主政治制度，充分激发了人民群众的积极性主动性创造性，有力维护了社会公平正义……经济、政治、文化、社会、生态文明建设"五位一体"统筹推进、全面发展。中国特色社会主义的开创发展和成功实践，不仅把社会主义的旗帜举住了、举稳了，让处在风云变幻之中的世界对社会主义有了全新的认识，让那些既希望加快发展又希望保持自身独立性的国家和民族有了全新选择，将西方现代化模式从所谓"唯一"还原为"之一"。

中国特色社会主义这条道路，既不是"传统的"，也不是"外来的"，更不是"西化的"，而是我们"独创的"，是一条人间正道。实践证明，走这条人间正道，我们党带领人民实现了中华民族从站起来到富起来的历史性飞跃，迎来了从富起来到强起来的伟大飞跃，让社会主义在中国焕发出强大生机活力，拓展了发展中国家走向现代化的途径，为解决人类问题贡献了中国智慧。

坚持和完善中国特色社会主义制度，推进国家治理体系与治理能力现代化，是科学社会主义理论逻辑和中国社会发展历史逻辑的辩证统一，是根植于中国大地、反映中国人民意愿、适应中国和时代发展进步要求的科学社会主义。我们必须坚定地走中国特色社会主义道路，以奋发有为的精神把新时代中国特色社会主义不断推向前进。

第五章 民心是最大的政治

衙斋卧听萧萧竹，疑是民间疾苦声。
些小吾曹州县吏，一枝一叶总关情。

——郑燮《潍县署中画竹呈年伯包大中丞括》

政之所兴，在顺民心；政之所废，在逆民心。

——《管子·牧民》

世界百年未有之大变局必然带来许多不确定因素。新形势下，重大风险越来越复杂，呈现出许多新趋势新特点。我们要清醒地认识"倒灌效应""合流效应""叠加效应""联动效应""放大效应""诱导效应"。随着我国日益走近世界舞台中央，境外输入性风险日益增多，已成为影响我国安全稳定的最大外生变量。勾联活动更加频繁，反恐怖、反分裂、反邪教斗争面临着复杂形势。重点领域群体利益诉求引发的各种社会矛盾交织叠加，现实问题与历史问题、实际利益问题与意识形态问题、政治性问题与非政治性问题交叉感染，极易形成风险综合体。各类风险流动性加快、关联性增强，重点特殊群体往往隔空抱团、遥相呼应，以相互借力、合谋共振方式制造社会影响，呈现出境内外互动、跨区域联动、跨群体聚合的新动向。互联网日益成为各类风险的策源地、传导器、放大器，一件小事情都可能形成舆论旋涡，一些谣言传闻经煽动炒作，极易使"茶杯里的风暴"骤变为现实社会的"龙卷风"。一个地区发生的问题容易导致其他地区仿效。一些长期积累的深层次矛盾问题难以在短期内得到完全解决，如果持续发酵，在外部输入性风险的诱导下，就有可能升级放大。①

在革命、建设、改革各个时期，中国共产党都坚信党的根基和血脉在人民、党的力量在人民。1934年，毛泽东同志指出："真正的铜墙铁壁是什么？是群众，是千百万真心实意地拥护革命的群众。"②他强调："人民是党执政的最大底气，也是党执政最深厚的根基。"③习近平总书记指出："在领导干部的所有能力中，政治能力是第一位的。大家都担任领导职务，负责一方面工作，必须做到观察分析形势要把握政治因素，筹划推动工作要落实政治要求，处理解决问题要防范政治风险。"④防范化解重大政治风险，首要任务是维护以党的执政安全和我国社会主义制度安全为核心的国家政治安全。

领导干部提高政治能力，就要把人民放在心中最高位置。同人民风雨同舟、血脉相通、生死与共，是我们党战胜一切困难和风险的根本保证。历史充分证明，人心向背关系党的生死存亡。防范政治风险，要求我们党深深扎根于人民群众之中，紧紧依靠人民，只有这样，我们党才能够风雨无阻、一往无前。

延伸阅读

卓嘎、央宗姐妹成长生活的隆子县玉麦乡，地处祖国西南边陲。20世

---

① 陈一新：《打好防范化解重大风险战略主动战》，《学习时报》2019年6月19日。
② 《毛泽东选集》第1卷，人民出版社1991年版，第139页。
③ 《习近平谈治国理政》第3卷，外文出版社2020年版，第137页。
④ 习近平：《论坚持党对一切工作的领导》，中央文献出版社2019年版，第221页。

纪60年代以来的很长一段时间里，这里仅有父亲桑杰曲巴和卓嘎、央宗姐妹一户人家，被外界称作"三人乡"。她们在父亲桑杰曲巴的影响和带领下，始终秉持"家是玉麦，国是中国，放牧守边是职责"的坚定信念，几十年如一日，守护着祖国的领土，谱写了爱国守边的动人故事和时代赞歌。

2017年10月28日，习近平总书记给西藏隆子县玉麦乡牧民卓嘎、央宗姐妹的回信：①

卓嘎、央宗同志：

你们好！看了来信，我很感动。在海拔3600多米、每年大雪封山半年多的边境高原上，你们父女两代人几十年如一日，默默守护着祖国的领土，这种精神令人钦佩。我向你们、向所有长期为守边固边忠诚奉献的同志，表示崇高的敬意和衷心的感谢。

家是玉麦，国是中国，放牧守边是职责，你们这些话说得真好。有国才能有家，没有国境的安宁，就没有万家的平安。祖国疆域上的一草一木，我们都要看好守好。希望你们继续传承爱国守边的精神，带动更多牧民群众像格桑花一样扎根在雪域边陲，做神圣国土的守护者、幸福家园的建设者。

十九大刚刚召开，党将带领各族群众创造更加美好的生活。我相信，在大家的共同努力下，玉麦这个曾经的"三人乡"，一定能建成幸福、美丽的小康乡，乡亲们的日子也一定会越过越红火！

习近平
2017年10月28日

---

① 《习近平总书记给西藏隆子县玉麦乡牧民卓嘎、央宗姐妹的回信》，《光明时报》2017年10月30日。

一、坚守马克思主义关于人民立场的思想

在马克思主义之前，社会上占统治地位的理论都是为统治阶级服务的。从布丹、霍布斯、斯宾诺莎到洛克，近代西方人本主义以自然法和契约论为理论基础形成了一系列关于"人民主权"的基本学说，但他们都离开了具体的历史条件，离开人的社会性，以抽象的、永恒不变的人性说明社会历史，在本质上是为资产阶级取得和维护统治地位服务的。

与以往一切政治思想理论和一切非马克思主义的学说不同，马克思主义最鲜明的政治立场，就是最直接、最大胆地宣称自己的一切理论和主张，就是要代表无产阶级的根本利益，要致力于最广大人民群众的根本利益。《共产党宣言》中明确指出："代替那存在着阶级和阶级对立的资产阶级旧社会的，将是这样一个联合体，在那里，每个人的自由发展是一切人的自由发展的条件。"[①]

在马克思主义国家学中，特别是在无产阶级国家生活中，人民当家作主绝不仅仅是一个抽象的概念，更不是像有些人所说的是一个"庸俗的空洞口号"，而是一个包含着丰富内容的根本政治原则。科学社会主义的创始人马克思和恩格斯，总是把争取民主、建设民主，实现人民当家作主，作为社会主义的必然进程和奋斗目标之一。马克思、恩格斯指出，"工人阶级一旦取得统治权，就不能继续运用旧的国家机器来进行管理"，必须"以新的真正民主的国家政权来代替"[②]。国家机关必须由社会主人变为社会公仆，接受人民监督。列宁更是强调民主对社会主义的意义，明确提出"不实现民主，社会主义就不能实现"[③]。这其中最根本的就是确

[①] 马克思、恩格斯：《共产党宣言》，人民出版社2014年版，第51页。
[②] 习近平：《论党的宣传思想工作》，中央文献出版社2020年版，第329页。
[③] 《列宁全集》第23卷，人民出版社1958年版，第70页。

认人民是国家和社会的主人，国家的一切权力属于人民；人民享有广泛的民主权利，享有管理国家和社会事务的权利。这一原则的客观必然性，深藏于社会主义的本质之中。

马克思主义第一次把人民性的思想建立在历史唯物主义的科学基础之上，从经验事实中批判了以私有制为基础的资本主义制度的国家，认为其并不是真正的共同体，仅代表少数资产阶级统治者的利益。马克思主义第一次站在人民的立场探求人类自由解放的道路，为最终建立一个没有压迫、没有剥削、人人平等、人人自由的理想社会指明了方向。马克思主义第一次创立了人民实现自身解放的思想体系，真正科学地认识和系统地阐明了人民的性质、地位和历史作用，强调人民群众是历史的创造者，是推动社会发展的决定性力量，必须让人民成为国家制度的制定者和国家权力的拥有者。马克思主义之所以具有跨越国度、跨越时代的影响力，就是因为它植根人民之中，指明了依靠人民推动历史前进的人间正道。

马克思主义政党的属性决定了马克思主义政党的生命力，纵观马克思主义政党的发展历史，是一部为了实现全人类解放和自由发展的不懈奋斗史。马克思主义政党的人民观具有坚强的党性和人民性，能够持续推动社会生产力的发展，增进广大人民群众的福利，更能够推动社会历史的不断进步。历史唯物主义产生之前，片面强调少数英雄人物创造历史的唯心主义观点占主导地位，而马克思则认为人民群众才是真正推动社会发展的决定性力量，是社会财富的创造者，而英雄人物只是人民群众中的少数。

恩格斯在《法兰西内战》的"导言"中说"工人阶级一旦取得统治权，就不能继续运用旧的国家机器来进行管理"[①]，还要防范自己的代表和官吏

---

① 马克思：《法兰西内战》，人民出版社2018年版，第14页。

由社会公仆变为社会主人,必须以新的真正民主的国家政权来代替。马克思主义政党坚信历史潮流奔腾向前,只要人民成为自己的主人、社会的主人、人类社会发展的主人,共产主义理想就一定能够在不断改变现存状况的现实运动中一步一步实现。

二、中国共产党的人民观

对待科学的理论必须有科学的态度。恩格斯深刻指出:"马克思的整个世界观不是教义,而是方法。它提供的不是现成的教条,而是进一步研究的出发点和供这种研究使用的方法。"①中国共产党将马克思主义政党人民观与中国历史文化传统和时代要求紧密结合起来,在实践中不断探索总结,形成了中国共产党的人民观,并在国家治理的探索中守正创新、不断改革、不断超越,在开放中博采众长,完善自己。

我国历史上积累的国家治理经验,是践行人民立场深厚的历史依据。人民立场汲取了中国传统历史文化的深厚滋养。"政之所兴,在顺民心;政之所废,在逆民心"②,因为"君者,舟也;庶人者,水也。水则载舟,水则覆舟"③,因为"得民心者得天下"。民本思想还体现于官员执政价值追求方面。北宋范仲淹"先天下之忧而忧,后天下之乐而乐"④,南宋陆游"位卑未敢忘忧国"⑤,清代黄宗羲"我之出而仕也,为天下,非为君也;为万民,非为一姓也"⑥,晚清龚自珍"落红不是无情物,化作春泥更

---

① 《马克思恩格斯选集》第4卷,人民出版社2012年版,第664页。
② 出自《管子·牧民》。
③ 出自《荀子·王制》。
④ 出自《岳阳楼记》。
⑤ 出自《病起书怀》。
⑥ 出自《明夷待访录》。

护花"①，无不彰显了民本思想。人民立场作为贯穿国家治理的主线，汲取了中国传统民本思想之精华，并在新的历史条件下，被赋予崭新的内涵，充分体现了对人民的尊重与关注，反映了中国共产党执政理念的日臻成熟，这对于巩固党的执政地位、实现中华民族的伟大复兴的意义和价值是不言而喻的。

1945年，毛泽东同志在党的七大上作政治报告时说："我们共产党人区别于其他任何政党的又一个显著的标志，就是和最广大的人民群众取得最密切的联系。全心全意地为人民服务，一刻也不脱离群众；一切从人民的利益出发，而不是从个人或小集团的利益出发；向人民负责和向党的领导机关负责的一致性；这些就是我们的出发点。"②中国共产党自成立起就以实现人民民主，发展人民民主为根本任务。中国共产党根据马克思主义国家学说的基本原理，吸取巴黎公社和苏联人民民主实践的经验和教训，从我国的国情和具体实际出发，把人民民主推向了一个新的高度。"我们是人民民主专政，各级政府都要加上'人民'二字，各种政权机关都要加上'人民'二字，如法院叫人民法院，军队叫人民解放军，以示和蒋介石政权不同。"③1949年，著名历史学家陈垣以自己的耳闻目睹和内心感怀，写下了这样的文字："解放后的北平，来了新的军队，那是人民的军队；树立了新的政权，那是人民的政权；来了新的一切，一切都是属于人民的。我活了七十多岁的年纪，现在才看到了真正人民的社会，在历史上从不曾有过的新的社会。"④"这不同于以前的改朝换代，的确是历史上空前的、翻天覆地的大变革。"⑤

---

① 出自《己亥杂诗（其五）》。
② 中共中央文献研究室、中央档案馆编《建党以来重要文献选编（一九二———一九四九）》第22册，中央文献出版社2011年版，第188—189页。
③ 中共中央文献研究室编《中华人民共和国开国文选》，中央文献出版社1999年版，第12页。
④ 刘朔邑：《"站起来"后的新生与初心》，《解放军报》2019年10月16日。
⑤ 巨力：《人民是主人》，《求是》2019年第19期。

在长期的革命和改革实践中，中国共产党形成了以人民为中心的一套系统及科学的理论话语，并指导中国的社会主义事业取得了胜利。中国共产党代表最广大人民群众的根本利益，没有自己特殊的利益。新时代的中国共产党人始终保持着这样一种高度的清醒、高度的自觉，坚持全心全意为人民服务的根本宗旨，贯彻群众路线，尊重人民主体地位和首创精神，始终保持同人民群众的血肉联系，凝聚起众志成城的磅礴力量，团结带领人民共同创造历史伟业。这是中国共产党人尊重历史规律的必然选择，是不忘初心、牢记使命的自觉担当。

什么是人民？按照以人民为中心发展方略的内在要求，可以从外延和内涵的规定性角度来把握新时代人民概念的三重规定性：一是量的规定性。不同时代、不同社会对人民的界定都有所不同，但有一点是相同的，即人民是社会的主体，是某一历史时期社会中的绝大多数人。二是质的规定性。人民是社会中的进步力量，是历史发展的动力，代表着历史前进的方向，推动着社会生产力的发展和进步。三是主体构成的规定性。虽然在不同历史时期，人民的范围会发生变化，但构成人民主体的始终是广大劳动者（包括体力劳动者和脑力劳动者），是劳动者创造了世界、创造了历史。

1949年6月，毛泽东同志在《论人民民主专政》一文中强调："人民是什么？在中国，在现阶段，是工人阶级，农民阶级，城市小资产阶级和民族资产阶级。"[①]1957年2月，毛泽东同志在最高国务会议上发表了《关于正确处理人民内部矛盾的问题》的讲话，他指出："人民这个概念在不同的国家和各个国家不同的历史时期，有着不同的内容。"[②]"在现阶段，在建设社会主义的时期，一切赞成、拥护和参加社会主义建设事业

---

① 《毛泽东选集》第4卷，人民出版社1991年版，第1475页。
② 李铁映：《论民主》，人民出版社、中国社会科学出版社2001年版，第127页。

的阶级、阶层和社会集团，都属于人民的范围；一切反抗社会主义革命和敌视、破坏社会主义建设的社会势力和社会集团，都是人民的敌人。"① 毛泽东同志使用"人民"的概念，也使用"群众"的概念，有时候还用"人民群众"。因此，在中国共产党的政治学词汇中，人民、人民群众、群众基本可以画等号。1949年10月，毛泽东同志在同绥远军区负责人谈话时说："中国已归人民，一草一木都是人民的，任何事情我们都要负责并且管理好，不能像踢皮球那样送给别人去。"②

（一）人民首先是个"整体"概念

人民的利益诉求应该属于绝大多数利益诉求的集合范畴，属于不同的个体利益通过党的领导，在民主协商的途径下整合协调而成，并通过法律制度定格，最终上升为国家意志。在这个层面上，人民的利益是经济社会发展的整体性利益。因此，国家治理过程中应该聚焦于整合后的集体利益诉求，如果只是看到和突出个体的人、单一的人，纠结于个人的碎片化利益和需求，忽视个体的人组成的社会（人民）的整体利益，就会像"盲人摸象"，在理解与实践中以偏概全，犯下只见树木不见森林的错误。

马克思、恩格斯在《共产党宣言》中指出："过去的一切运动都是少数人的，或者为少数人谋利益的运动。无产阶级的运动是绝大多数人的，为绝大多数人谋利益的独立的运动。"③我们党作为马克思主义政党，能够不断发展壮大，取得一个又一个胜利，就是因为没有任何自己特殊的利益，从来不代表任何利益集团、任何权势团体、任何特权阶层的利益，就是因为始终把人民利益放在最高位置，从而赢得人民的拥护和支

---

① 《毛泽东文集》第7卷，人民出版社1991年版，第205页。
② 《毛泽东文集》第6卷，人民出版社1999年版，第14页。
③ 马克思、恩格斯：《共产党宣言》，人民出版社2018年版，第39页。

持。中国共产党的所有工作,不论是开展革命斗争、建立武装力量、构建政治制度、进行经济建设,还是推进改革开放、推动文化发展、创新社会治理等,都以人民利益为根本考量。中国共产党能够正确把握人民的整体利益,让一个五千多年的文明大国实现整体转型,承担现代化建设、民族复兴、文明复兴的使命。1944年,毛泽东同志在《为人民服务》中讲道,"我们的共产党和共产党所领导的八路军、新四军,是革命的队伍。我们这个队伍完全是为着解放人民的,是彻底地为人民的利益工作的"①。邓小平同志时刻关注广大人民的利益和愿望,把人民拥护不拥护、赞成不赞成、高兴不高兴、答应不答应作为制定各项方针政策的出发点和归宿。②

2016年7月1日,习近平总书记在庆祝中国共产党成立95周年大会上指出:"全党同志要把人民放在心中最高位置,坚持全心全意为人民服务的根本宗旨,实现好、维护好、发展好最广大人民根本利益,把人民拥护不拥护、赞成不赞成、高兴不高兴、答应不答应作为衡量一切工作得失的根本标准,使我们党始终拥有不竭的力量源泉。"江山就是人民,人民就是江山,共产党打江山、守江山,守的是人民的心,为的是让人民过上好日子。

人民至上是习近平新时代中国特色社会主义思想的世界观与方法论。党的二十大报告指出,人民性是马克思主义的本质属性,党的理论是来自人民、为了人民、造福人民的理论,人民的创造性实践是理论创新的不竭源泉。一切脱离人民的理论都是苍白无力的,一切不为人民造福的理论都是没有生命力的。我们要站稳人民立场、把握人民愿望、尊重人民创造、集中人民智慧,形成为人民所喜爱、所认同、所拥有的理论,

---

① 《毛泽东选集》第3卷,人民出版社1991年版,第1004页。
② 万泽民:《中国共产党的民生理论与实践》,人民出版社2015年版,第154页。

使之成为指导人民认识世界和改造世界的强大思想武器。

中国共产党作为工人阶级先锋队,其性质和使命决定了党始终是人民利益最忠实的代表。人民立场始终贯穿在中国共产党革命、建设和改革的实践活动中。

国家的一切权力属于人民。中国的国家治理必须坚持人民主体地位,坚定不移走中国特色社会主义政治发展道路,将人民立场贯穿国家治理过程始终,体现人民意志,激发人民创造,接受人民监督,让权力在阳光下运行,增进人民福祉和保障人民利益。"民亦劳止,汔可小康","人民,只有人民才是历史的创造者",摆脱贫困、解决温饱、实现小康、迈向现代化,实现全体人民共同富裕的历史要求和无穷力量,推动着一次又一次的社会变革,也形塑着当代中国的崭新模样。

(二)人民还是一个"个体"的概念

马克思主义对个人的独立性和社会的整体性有比较深入的阐释。对于个人的独立性,马克思曾明确指出:"人——不是抽象概念,而是作为现实的、活生生的、特殊的个人——都是这种存在物。"[①]关于个体的独立性,毛泽东同志认为"事固先有个人而后有团体,个人离团体固不能独存,然团体无意思,其有意思仍系集合个人之意思也"[②]。习近平总书记也强调:"人民不是抽象的符号,而是一个一个具体的人,有血有肉,有情感,有爱恨,有梦想,也有内心的冲突和挣扎。"[③]

马克思和恩格斯所设想的新社会是要保证一切社会成员有富足的和一天比一天充裕的物质生活。列宁强调的社会主义就是如何使全体劳动

---

① 马克思:《1844年经济学哲学手稿》,人民出版社1985年版,第160页。
② 中共中央文献研究室、中共湖南省委《毛泽东早期文稿》编辑组编《毛泽东早期文稿(1912.6—1920.11)》,湖南人民出版社1990年版,第152页。
③ 习近平:《在文艺工作座谈会上的讲话》,人民出版社2015年版,第17页。

者过最美好、最幸福的生活。1985年，邓小平同志在会见外宾时深刻强调："社会主义的首要任务是发展生产力，逐步提高人民的物质和文化生活水平。"①在邓小平同志看来，只有以提高人民生活水平为标尺，把人民的需要作为出发点和立足点，才能最大限度地认识改革出现的问题，找到解决问题的办法。习近平总书记强调："带领人民创造幸福生活，是我们党始终不渝的奋斗目标。我们要顺应人民群众对美好生活的向往，坚持以人民为中心的发展思想，以保障和改善民生为重点，发展各项社会事业，加大收入分配调节力度，打赢脱贫攻坚战，保证人民平等参与、平等发展权利，使改革发展成果更多更公平惠及全体人民，朝着实现全体人民共同富裕的目标稳步前进。"②

人民利益是一个动态演进的历史范畴，在不同历史阶段其具体内涵和侧重点是不同的。在中国共产党的领导下，亿万人民团结一心、奋发图强、艰苦奋斗，实现了社会全面进步，人民生活实现了从贫困到温饱再到总体小康、最后全面建成小康社会的历史性跨越。中华人民共和国成立伊始，我们党和政府通过清除匪患、镇压反革命运动、民主建设保障和维护人民群众当家作主的地位和权利，通过恢复经济、稳定物价、解决就业、社会救济等手段积极改善民生，人民群众获得了和平、安宁的生活环境。党的十一届三中全会后，实现了全党工作重心向经济建设的转移，居民收入提高，产品供应增加，社会事业有了较快的发展，经济体制全面转型，提前实现"翻两番"的发展目标，消费品供应出现历史性增长，人民生活总体达到小康水平。进入新时代，我们党更加密切关注人民利益需求的新变化，将保障和改善民生作为维护和实现人民利益的重中之重，成为人民利益观中极具时代特色的重要内容。

---

① 《邓小平文选》第3卷，人民出版社1993年版，第116页。
② 习近平：《在庆祝中国共产党成立95周年大会上的讲话》，人民出版社2016年版，第18—19页。

党的十八大以来，以习近平同志为核心的党中央以巨大的政治勇气和强烈的责任担当，坚持统筹推进"五位一体"总体布局、协调推进"四个全面"战略布局，贯彻创新、协调、绿色、开放、共享的新发展理念，着力增强改革系统性、整体性、协同性，推动重大制度创新，提升人民群众获得感、幸福感、安全感。中国特色社会主义进入新时代，我国社会主要矛盾已经转化为人民日益增长的美好生活需要和不平衡不充分的发展之间的矛盾。社会主要矛盾发生转化的科学判断是对我国国情的准确把握，是关乎全局的重大理论创新和实践创新。我们要继续做大"蛋糕"，分好"蛋糕"，促进社会公平正义，努力做到发展的成果由人民共享，让实现全体人民共同富裕在广大人民现实生活中更加充分地展示出来。

在幼有所育、学有所教、劳有所得、病有所医、老有所养、住有所居、弱有所扶上持续用力，人民生活全方位改善。人均预期寿命增长到78.2岁。居民人均可支配收入从16500元增加到35100元。城镇新增就业年均1300万人以上。建成世界上规模最大的教育体系、社会保障体系、医疗卫生体系，教育普及水平实现历史性跨越，基本养老保险覆盖10.4亿人，基本医疗保险参保率稳定在95%。及时调整生育政策。改造棚户区住房4200多万套，改造农村危房2400多万户，城乡居民住房条件明显改善。互联网上网人数达10.3亿人。人民群众获得感、幸福感、安全感更加充实、更有保障、更可持续，共同富裕取得新成效。[①]

比如，反贫困始终是古今中外治国安邦的一件大事。一部中国史，就是一部中华民族同贫困作斗争的历史。从屈原"长太息以掩涕兮，哀民生之多艰"的感慨，到杜甫"安得广厦千万间，大庇天下寒士俱欢颜"

---

① 习近平：《高举中国特色社会主义伟大旗帜　为全面建设社会主义现代化国家而团结奋斗——在中国共产党第二十次全国代表大会上的报告》，人民出版社2022年版，第10—11页。

的憧憬，再到孙中山"家给人足，四海之内无一夫不获其所"的夙愿，都反映了中华民族对摆脱贫困、丰衣足食的深深渴望。中国共产党把脱贫攻坚作为全面建成小康社会的底线任务，组织开展了声势浩大的脱贫攻坚人民战争，承诺"决不能落下一个贫困地区、一个贫困群众"。近2000万贫困群众享受低保和特困救助供养，2400多万困难和重度残疾人拿到了生活和护理补贴。110多万贫困群众当上护林员，守护绿水青山，换来了金山银山。新改建农村公路110万公里，新增铁路里程3.5万公里。贫困地区农网供电可靠率达到99%，大电网覆盖范围内贫困村通动力电比例达到100%，贫困村通光纤和4G比例均超过98%。790万户、2568万贫困群众的危房得到改造，累计建成集中安置区3.5万个、安置住房266万套，960多万人"挪穷窝"，摆脱了闭塞和落后，搬入了新家园。①

人的问题，是检验一个政党、一个政权性质的试金石。带领人民创造美好生活，是我们党始终不渝的奋斗目标。习近平总书记指出："人民立场是马克思主义政党的根本政治立场，人民是历史进步的真正动力，群众是真正的英雄，人民利益是我们党一切工作的根本出发点和落脚点。"②这一论述贯穿马克思主义唯物史观和科学社会主义基本原理，指明了坚持和发展中国特色社会主义的根本原则，从根本上回答了党和人民的关系。立场决定思想，决定人们想问题、干事业的出发点和落脚点。站在人民群众的立场上，就会为人民群众说话，维护人民群众的利益，就会表现为"立党为公、执政为民"的公心。人民立场贯穿于中国共产党在革命、建设和改革开放时期的各个阶段，生动地诠释着中国共产党治国理政的全部丰富实践，有着最丰富的思想内涵，焕发出了强大的生机活力。

---

① 习近平：《在全国脱贫攻坚总结表彰大会上的讲话》，人民出版社2021年版，第5—6页。
② 《习近平谈治国理政》第2卷，外文出版社2017年版，第189页。

人民的个体性存在与集合性存在是互为表里、相互依存的。在平衡众意与公意的过程中，既要从人的个体性存在出发，也要从人的集合性存在出发。既能为人的个性发展提供保障，也能为增进全体人民的福祉提供动力和资源。中国共产党是马克思主义的忠实传人和实践者，始终坚守人民立场的思想，始终把人民立场作为根本立场，把为人民谋幸福作为根本使命。波澜壮阔的中华民族发展史是中国人民书写的！博大精深的中华文明是中国人民创造的！历久弥新的中华民族精神是中国人民培育的！中华民族从站起来、富起来到强起来的伟大飞跃是党和中国人民一道拼出来、干出来、奋斗出来的。党的十八大以来，以习近平同志为代表的新一代中国共产党人将新时代人民观的核心要义凝练为"以人民为中心"，并以此统领治国理政的各个方面。

坚持以人民为中心的发展思想是习近平新时代中国特色社会主义思想最温暖的底色，这一科学理论坚持党性与人民性的统一，体现了博大的人民情怀。在思想认识上，这一科学理论将人民放在治国理政的最高位置。在实践创新上，这一科学理论紧紧围绕人民群众的美好生活需要，通过制度建设让人民立场这个党的最根本的政治立场长期化稳定化，将人民性永恒地融入实践的全部过程之中。坚持以人民为中心的思想，就能确保党永不变质，确保我们党的执政地位坚如磐石，确保我们国家兴旺发达、长治久安。经济社会发展到一定阶段后，社会的科学发展和人自身的全面发展亟待提上日程，已成为中国特色社会主义发展的客观要求和人民群众的根本利益所在。追求人的全面发展是马克思主义关于建设社会主义新社会的本质要求，更是中国共产党实现人民利益的最高目标。

中国共产党是推进国家治理体系和治理能力现代化的核心领导力量，必然要求永远站在人民的立场上，坚持科学社会主义理论逻辑和中国社会发展历史逻辑的辩证统一，坚持马克思主义的人民性思想，把人民立场贯穿国家治理体系和治理能力现代化的始终，把代表好、维护好和实现好最广大人民的根本利益作为根本任务，始终以全心全意为人民服务为根本宗旨。我们要把尊重民意、汇集民智、凝聚民力、改善民生贯穿党治国理政全部工作之中，执政为民，不断厚植党执政的群众基础。增进人民福祉、促进人的全面发展，健全幼有所育、学有所教、劳有所得、病有所医、老有所养、住有所居、弱有所扶等方面的国家基本公共服务制度体系，尽力而为，量力而行，注重加强普惠性、基础性、兜底性民生建设，保障群众基本生活。创新公共服务提供方式，鼓励支持社会力量兴办公益事业，满足人民多层次多样化需求，使改革发展成果更多更公平惠及全体人民。建设人人有责、人人尽责、人人享有的社会治理共同体，确保人民安居乐业、社会安定有序，建设更高水平的平安中国。

延伸阅读

振聋发聩的耿飚之问

耿飚曾作为八路军385旅参谋长、副旅长率部驻守甘肃庆阳，保卫党中央和陕甘宁边区，和当地群众结下深厚的革命情谊，对这块革命黄土地充满感情。1991年，已从领导岗位退下来的耿飚决定赴革命老区，看望曾经血脉相连、并肩战斗过的陇东人民。"耿旅长回来了"的消息很快传播开来，大家奔走相告。当晚，耿飚所住的县招待所门口人声鼎沸，老百姓从四面八方赶来看望他，但也有一部分群众是来找他告状的，怎么劝也不愿离去……看到这种情景，耿飚心情十分沉重。在离开庆阳的那天早晨，耿飚接见了县里主要领导，到场的还有甘肃省顾委负责同志。耿飚并没有就老百姓反映的问题批评任何人，只是现场给大家讲述了一段催人泪下的革命故事：

50年前，我们385旅在这里驻防时，部队的一个战士犯了严重错误。旅部决定按纪律将该战士枪毙。当我们在操场上准备执行纪律时，来了一大群老百姓替那个战士求情。我坚决要执行纪律。谁知竟连受害者的父母都跪倒在地向我求情，紧接着一操场的群众全都跪倒，哭着请求饶了这个战士，让他戴罪立功。怎么劝他们也不起来。最后，我们流着泪接受了群众的请求。

讲到此处，耿飚话音一顿，环顾四周，大声问道："现在我要问问今天在座的你们这些人，不管哪一个，如果做错了事，老百姓还会不会替你们求情？"这时，全场鸦雀无声，只有耿飚的话在回荡。

"老百姓还会不会替你们求情？"耿飚之问，振聋发聩，使在场的干部受到强烈震撼，犹如被猛击一掌。今天，重温革命故事，反思耿飚之问，同样值得领导干部深思和警醒。耿飚用震撼人心的革命故事阐明了一个道理：只有我们把群众放在心上，群众才会把我们放在心上；只有我们把群众当亲人，群众才会把我们当亲人。

（文世芳：《振聋发聩的耿飚之问（党史一叶）》，《人民日报》2016年3月22日。）

三、体现人民意志，激发人民创造

群众路线是我们党的生命线和根本工作路线，是我们党永葆青春活力和战斗力的重要传家宝。不论过去、现在和将来，我们都要坚持一切为了群众、一切依靠群众，从群众中来、到群众中去，把党的正确主张变为群众的自觉行动，把群众路线贯彻到治国理政全部活动之中。2012年

11月15日，习近平总书记在十八届中共中央政治局常委同中外记者见面时指出："我们的人民热爱生活，期盼有更好的教育、更稳定的工作、更满意的收入、更可靠的社会保障、更高水平的医疗卫生服务、更舒适的居住条件、更优美的环境，期盼孩子们能成长得更好、工作得更好、生活得更好。人民对美好生活的向往，就是我们的奋斗目标。"[1]毛泽东同志曾经说过："一切空话都是无用的，必须给人民以看得见的物质福利。"[2]我们要坚持党的群众路线，坚持人民主体地位，时刻把群众安危冷暖放在心上，及时准确了解群众所思、所盼、所忧、所急，把群众工作做实、做深、做细、做透。这样，党和人民群众的关系就会更密切，党的执政地位就会更牢固。经济建设要做到老百姓关心什么、期盼什么，就抓住什么、推进什么，通过改革发展给人民群众带来更多实惠；政治建设要保证人民当家作主落实到国家政治生活和社会生活之中；文化建设要为人民群众提供丰富的精神食粮，努力满足人民群众不断增长的精神文化需求；社会建设要使人民获得感、幸福感、安全感更加充实、更有保障、更可持续；生态文明建设要建设人与自然和谐共生的现代化，为人民群众提供更多优质生态产品。

群众路线蕴含着人民群众是历史创造者的历史唯物主义群众史观，以及认识来源于实践又服务于实践的辩证唯物主义认识论原理。中国共产党从成立那天起就坚持群众路线，这是区别于其他政党的显著标志。群众路线既是党的根本政治路线和根本组织路线，也是推进国家治理体系和治理能力现代化的重要制度优势。历史证明，坚持群众路线，做好群众工作是我们的光荣传统、优良作风和传家宝，是我们治国理政的最大政治优势，既能够体现人民意志，又能够激发人民创造。

---

[1] 中共中央宣传部编《习近平总书记系列重要讲话读本（2016年版）》，学习出版社、人民出版社2016年版，第212页。
[2] 《毛泽东文集》第2卷，人民出版社1993年版，第467页。

中国共产党在建立初期，就以依靠人民、联系群众为基本出发点，宣告自己是为无产阶级和其他劳动群众的利益而奋斗的政党。1929年12月，毛泽东同志在古田会议决议中指出，党的工作要"在党的讨论和决议之后，再经过群众路线去执行"①。之后，他在一系列文章、指示、报告和讲话中都在阐述和强调深入群众、动员群众、组织群众、宣传群众、教育群众、依靠群众、相信群众、尊重群众、关心群众的问题。1943年6月，毛泽东同志在为中央起草的《关于领导方法的若干问题》决定中第一次较为系统地阐述了群众路线，指出："在我党的一切实际工作中，凡属正确的领导，必须是从群众中来，到群众中去。这就是说，将群众的意见（分散的无系统的意见）集中起来（经过研究，化为集中的系统的意见），又到群众中去作宣传解释，化为群众的意见，使群众坚持下去，见之于行动，并在群众行动中考验这些意见是否正确。然后再从群众中集中起来，再到群众中坚持下去。如此无限循环，一次比一次地更正确、更生动、更丰富。这就是马克思主义的认识论。"②这段话对作为治国理政基本领导方式和基本工作方法的群众路线进行了精辟的总结和概括。

群众路线的基本含义是"一切为了群众、一切依靠群众，从群众中来、到群众中去"。"从群众中来"既能够发挥密切联系群众的优良传统和工作作风，将人民群众的智慧集中起来，民意聚合起来，充分体现人民意志；又能够形成在群众中调查研究、总结群众经验，出台政策经过群众检验，把群众的意见、诉求和愿望作为制定政策依据的工作方法。"到群众中去"靠宣传群众、组织群众、依靠群众起家，激发人民创造，从胜利走向胜利。不论过去、现在和将来，我们都要坚持一切为了群众，一切依靠群众，从群众中来，到群众中去，把党的正确主张变为群众的

---

① 张太原：《中国共产党百年成功的方法论》，人民出版社2021年版，第30页。
② 《毛泽东选集》第3卷，人民出版社1991年版，第899页。

自觉行动。在《工作方法六十条（草案）》中，毛泽东同志再次论述了这个问题：概念、判断的形成过程，推理的过程，就是"从群众中来"的过程；把自己的观点和思想传达给别人的过程，就是"到群众中去"的过程。①在这里，他从理论和实践的结合上把调查研究与党的群众路线统一在了一起。

毛泽东同志始终倡导"读万卷书行万里路"。据湖南党史陈列馆资料统计，新民主主义革命时期，他开展的调查研究不下60次；社会主义革命和建设时期，他到各地调研不下57次、约2851天，也就是新中国成立后他有约三分之一的时间都在调研。②毛泽东同志正是始终根植于调查研究，才逐步形成科学的世界观、方法论，以正确指导中国的革命和建设。1930年5月，他在《反对本本主义》一文中指出："你对于那个问题不能解决么？那末，你就去调查那个问题的现状和它的历史吧！你完完全全调查明白了，你对那个问题就有解决的办法了。一切结论产生于调查情况的末尾，而不是它的先头。""调查就像'十月怀胎'，解决问题就像'一朝分娩'。"③1962年1月，在"七千人大会"上，毛泽东同志再一次阐明调查研究对于认识和把握客观规律的重要性。他说："社会主义建设，从我们全党来说，知识都非常不够。我们应当在今后一段时间内，积累经验，努力学习，在实践中间逐步地加深对它的认识，弄清它的规律。一定要下一番苦功，要切切实实地去调查它，研究它。"④

群众路线是我们党始终坚持的根本工作方法。党的领导工作的正确方法，就是将群众意见集中起来形成正确的决策，又到群众中宣传解释，将决策化为群众的行动，并在群众实践中检验这些决策是否正确。坚持

---

① 《毛泽东文集》第7卷，人民出版社1999年版，第358页。
② 于立志：《领导干部的六重修为》，浙江人民出版社2019年版，第186—190页。
③ 《毛泽东选集》第1卷，人民出版社1991年版，第110—111页。
④ 《毛泽东著作选读》下册，人民出版社1986年版，第829页。

走群众路线，绝不是喊喊口号、走走过场，而是要诚心诚意、实打实做。要善于通过提出并贯彻正确的理论和路线方针政策带领人民前进，善于从人民的实践创造和发展要求中完善政策主张，善于从群众中寻找解决问题的方案和办法，使作出的决策和决策的执行充分体现民心民意。深入研究新形势下群众工作的规律和特点，把党的优良传统和新技术新手段结合起来，学会通过网络走群众路线，提高做好群众工作的本领。

随着时代不断发展，走好群众路线面临新要求、新变化，需要我们不断创新践行群众路线的工作方法，不断完善体制机制，保证贯彻群众路线的科学性、有效性。贯彻党的群众路线，"知"是基础、是前提，"行"是重点、是关键。必须以知促行、以行促知，做到知行合一，既解决认识提高问题，又解决行动自觉问题，使群众路线落地稳、扎根深，融入经济社会发展全过程，贯穿到党的全部工作中。群众路线是中国共产党治国理政的生命线和根本工作路线。在全面建设社会主义现代化国家新征程上，更要坚持把党的群众路线贯彻到治国理政全过程中，把人民对美好生活的向往作为奋斗目标，依靠人民创造历史伟业。

四、充分发挥人民当家作主制度体系的显著优势

1980年8月18日，邓小平同志在中央政治局扩大会议上作了《党和国家领导制度的改革》的讲话，把组织制度、工作制度摆在异常重要的位置，明确指出："这些方面的制度好可以使坏人无法任意横行，制度不好可以使好人无法充分做好事，甚至会走向反面。"[1]制度问题更带有根本性、全局性、稳定性和长期性。我们要通过完善制度保证人民在国家治理中的主体地位，不断健全为人民执政、依靠人民执政各项制度。

---

[1] 《邓小平文选》第2卷，人民出版社1994年版，第333页。

要坚持党的领导、依法治国和人民当家作主三者有机统一的制度体系建设。党的领导是人民当家作主和依法治国的根本保证，人民当家作主是社会主义民主政治的本质特征，依法治国是党领导人民治理国家的基本方式，三者统一于我国社会主义民主政治的伟大实践。中国共产党的执政宗旨是全心全意为人民服务，必须以党的自我革命来推动党领导人民进行的伟大社会革命，根据人民群众整体利益和局部利益、长远利益和当前利益的辩证关系，改进党的领导方式和执政方式，凝聚社会共识，保证党领导人民有效治理国家，扩大人民有序政治参与，保证人民依法实行民主选举、民主协商、民主决策、民主管理、民主监督，维护国家法制统一、尊严、权威，加强人权法治保障，保证人民依法享有广泛权利和自由。

要坚持和完善人民代表大会制度，中国共产党领导的多党合作和政治协商制度，民族区域自治制度，以及基层群众自治制度，保证和发展人民当家作主，发展更加广泛、更加充分、更加健全的人民民主，使人民群众更为有效参与到社会主义国家政权建设中来。

在人民当家作主制度体系中，起基础和关键作用的是人民代表大会制度，从根本上保障全体人民享有最高决策权和最终监督权，把国家和民族的前途命运牢牢掌握在自己手里。这是人民当家作主最根本、最重要的权力。人民代表大会制度是坚持党的领导、人民当家作主、依法治国有机统一的根本政治制度安排。人民代表大会制度作为中国特色社会主义制度的重要组成部分，体现着一系列紧密联系、相互贯通的重要政治思想和理论原则，包含着一整套构建科学、运转协调的重要政治制度和行为规范。国家的一切权力属于人民，全国人民代表大会和地方各级人民代表大会都由民主选举产生，对人民负责，受人民监督。国家行政机关、监察机关、审判机关、检察机关都由人民代表大会产生，对人大负责，受人大监督。

新型政党制度赋有代表广泛性、利益整合性和治理有效性的功能。政治制度是用来调节政治关系、建立政治秩序、推动国家发展、维护国家稳定的，不可能脱离特定社会政治条件来抽象评判，不可能千篇一律、归于一尊。一国政党制度的形成，取决于采用什么样的政党理论为指导，与什么样的具体国情相结合，并且这种结合还必须体现创造性思维。中国共产党领导的多党合作和政治协商制度作为我国一项基本政治制度，是中国共产党、中国人民和各民主党派、无党派人士的伟大政治创造，是从中国土壤中生长出来的新型政党制度，在70多年的发展历程中，不断丰富并趋于成熟，构成了我们党和国家制度的一大鲜明特色和显著优势。习近平总书记用三个"新"字对它作出精准概括：新在它是马克思主义政党理论同中国实际相结合的产物，能够真实、广泛、持久代表和实现最广大人民根本利益、全国各族各界根本利益，有效避免了旧式政党制度代表少数人、少数利益集团的弊端；新在它把各个政党和无党派人士紧密团结起来、为着共同目标而奋斗，有效避免了一党缺乏监督或者多党轮流坐庄、恶性竞争的弊端；新在它通过制度化、程序化、规范化的安排集中各种意见和建议、推动决策科学化民主化，有效避免了旧式政党制度囿于党派利益、阶级利益、区域和集团利益决策施政导致社会撕裂的弊端。[①]70多年里，中国共产党同各民主党派和无党派人士的团结合作，不但没被"雨打风吹去"，反而愈加紧密牢固。新型政党制度，蕴含着中国共产党同各民主党派和无党派人士能"心往一处想、智往一处谋、劲往一处使"的密码。

坚持有事好商量，众人的事情由众人商量，推动协商民主广泛、多层、制度化发展，保证人民在日常政治生活中有广泛持续深入参与的权

---

① 胡荣荣：《"中国之治"与新型政党制度研究》，河北人民出版社2021年版，第62页。

利。历史和现实反复证明，社会主义协商民主坚持有事多商量，遇事多商量，做事多商量，是适合中国国情、有效管用的民主形式。这种全过程民主涉及全国各族人民利益的事情，在全体人民和全社会中广泛商量；涉及一个地方人民群众利益的事情，在这个地方的人民群众中广泛商量；涉及一部分群众利益、特定群众利益的事情，在这部分群众中广泛商量；涉及基层群众的事情，在基层群众中广泛商量。全过程人民民主就是在人民内部各方面广泛商量的过程，就是发扬民主、集思广益的过程，就是统一思想、凝聚共识的过程，就是科学决策、民主决策的过程，就是实现人民当家作主的过程。在中国社会主义制度下，有事好商量，众人的事情由众人商量，找到全社会意愿和要求的最大公约数，是人民民主的真谛。

中国人民政治协商会议是中国共产党同各民主党派、人民团体和各族各界人士风雨同舟、团结奋斗的伟大成果，是各党派团体和各族各界人士发扬民主、参与国是、团结合作的重要载体和平台。人民政协能够以特有的权威性和超脱性，通过协商民主来协调关系、凝聚人心、汇聚智力、纾解矛盾，帮助党委和政府解决我国经济社会发展中的许多难题。坚持有事好商量，平等探讨问题、坦率提出意见，努力化解分歧、增进共识。支持和保障各民主党派、无党派人士积极参与政协活动，在协商中推进合作共事，在合作中实现党的领导，不断巩固中国共产党和党外人士的政治联盟。充分发挥政协委员联系群众、团结各界的重要作用，反映各界群众的意见，使党和政府的决策更符合群众愿望并为群众所理解。

在城乡社区治理、基层公共事务和公益事业中广泛实行群众自我管理、自我服务、自我教育、自我监督，拓宽人民群众反映意见和建议的渠道。中国已形成了以农村村民自治、城市社区居民自治和企业职工代表大会为主要内容的基层民主体系。在实际中主要表现为民情恳谈会、民主恳谈会、民情直通车、社区议事会、居民论坛和民主听证会等形式。比如，广州市采取在同德围地区成立"综合整治工作咨询监督委员"，让党员代表、人大代表、政协委员和居民、村民、企业代表共同参与，形成政民互动的"同德围模式"，有效地解决了拆迁问题。中国基层民主最能体现协商民主的包容性、平等性、公开性，是人民当家作主最有效、最广泛的途径。

制度的生命力在于执行。要强化制度执行力，加强制度执行的监督，切实把我国制度优势转化为治理效能。我们要增强制度意识，善于在制度的轨道上推进各项事业。广大党员干部要作制度执行的表率，引领全社会增强制度意识，自觉维护制度权威，将人民当家作主的制度真正落到实处。

五、接受人民监督，让权力在阳光下运行

马克思主义政党的人民观遵循人民民主的思想，指出国家机关必须由社会主人变为社会公仆，接受人民监督。马克思主义政党的人民观将人民民主的思想与制度建设结合起来，明确社会主义国家的公共权力始终处于社会力量的监督之下，不是凌驾于社会之上。公共权力没有自己特殊的利益，它的利益就是人民大众的利益。

马克思和恩格斯认为，社会主义国家的马克思主义政党，是人民利益的忠实代表，是政权建设的领导者和执政者，其所行使的公共权力必须由人民来监督。马克思赞扬巴黎公社时期在人民监督方面的社会主义实践，认为在巴黎公社，一切社会公职总是处于切实的监督之下，它彻底清除了国家等级制，"以随时可以罢免的勤务员来代替骑在人民头上作

威作福的老爷们，以真正的责任制来代替虚伪的责任制，因为这些勤务员总是在公众监督下进行工作的"①。列宁继承和发展了马克思、恩格斯关于人民监督的思想，为建立社会主义国家的人民监督机制，在苏维埃政权建立之初就进行了积极的探索与实践。历史证实，马克思列宁主义关于人民群众监督的思想是正确的，为社会主义国家的监督工作指明了方向。

中国共产党继承和创新了马克思列宁主义关于人民监督的思想，并在社会主义革命、建设和改革各个时期的实践中，比较成功地找到了适合中国国情的人民监督的途径。1934年1月，毛泽东同志在第二次全国苏维埃代表大会上的报告中就提出，"苏维埃必须吸引广大民众对于自己工作的监督与批评，每个革命的民众都有揭发苏维埃工作人员的错误、缺点之权……苏维埃工作人员中如果发现了贪污腐化、消极怠工以及官僚主义的分子，民众可以立即揭发这些人员的错误，而苏维埃则立即惩办他们，决不姑息"②。1945年7月，著名民主人士黄炎培在与毛泽东同志的谈话中说："我生六十多年，耳闻的不说，所亲眼看到的，真所谓'其兴也浡焉'，'其亡也忽焉'……总之没有能跳出这周期率。"毛泽东同志自信地说道："我们已经找到新路，我们能跳出这周期率。这条新路，就是民主。只有让人民来监督政府，政府才不敢松懈。只有人人起来负责，才不会人亡政息。"③

我国社会主义制度充分体现了人民监督的思想，使党和政府从新中国建立起，就置于人民监督下。新中国成立后，中国共产党深刻总结近

---

① 《马克思恩格斯文集》第3卷，人民出版社2009年版，第196页。
② 中共中央文献研究室、中央档案馆编《建党以来重要文献选编（一九二一——一九四九）》第11册，中央文献出版社2011年版，第106页。
③ 中共中央宣传部编《习近平新时代中国特色社会主义思想学习问答》，学习出版社、人民出版社2021年版，第275页。

代中国政治发展的历史经验和建立人民民主政权的实践经验，同广大人民群众一道，最终选择了人民代表大会制度和中国共产党领导的多党合作和政治协商制度。人民代表大会制度是我国的根本政治制度。《中华人民共和国宪法》第二条明确规定："中华人民共和国的一切权力属于人民。人民行使国家权力的机关是全国人民代表大会和地方各级人民代表大会。人民依照法律规定，通过各种途径和形式，管理国家事务，管理经济和文化事业，管理社会事务。"也就是说，宪法明确了人民当家作主的基本权利和方式，并支持和保证人民通过人民代表大会制度的形式行使国家权力。

中国共产党领导的多党合作和政治协商制度，是符合中国国情的社会主义政党制度，是我国的一项基本政治制度。以"长期共存、互相监督、肝胆相照、荣辱与共"作为中国共产党同各民主党派合作的基本方针。中国共产党与民主党派之间互相监督，是多党合作的重要制度安排。习近平总书记指出："能听意见、敢听意见特别是勇于接受批评、改进工作，是有信心、有力量的表现。"[①]要从制度上保障和完善民主监督，健全相互监督特别是中国共产党自觉接受监督、对重大决策部署贯彻落实情况实施专项监督等机制。

接受人民监督，让权力在阳光下运行，已成为社会共识。在历史的进程中，中国共产党逐步发展和完善了党内监督制度、人大监督制度、民主监督制度、行政监督制度、司法监督制度、群众监督制度、舆论监督制度等一系列制度安排，着手构建了全方位的监督体系，让人民真正成为监督公共权力行使的主人。党内监督的任务是确保党章党规党纪在全党有效执行，维护党的团结统一，重点解决党的领导弱化、党的建设缺失、全面从严治党不力，党的观念淡漠、组织涣散、纪律松弛，管党

---

① 《习近平谈治国理政》第3卷，外文出版社2020年版，第295页。

治党宽松软问题，保证党的组织充分履行职能、发挥核心作用，保证全体党员发挥先锋模范作用，保证党的领导干部忠诚干净担当。行政监督是国家监督体系中的一个重要组成部分，它对于国家行政机关改善机关工作作风，提高工作效率，减少工作失误，进行依法行政，起着巨大的促进和保障作用。此外，由人大产生国家监察委员会和地方各级监察委员会，对人大负责，受人大监督，做实做细了人大监督，强化了人大作为国家权力机关的监督职能，拓宽了"让人民监督权力"的途径，使党和国家监督体系更加完备、科学、有效，这是对人民代表大会这一根本政治制度的丰富和完善，彰显了"四个自信"。

时代是出卷人，我们是答卷人，人民是阅卷人。习近平总书记指出："我们党的执政水平和执政成效都不是由自己说了算，必须而且只能由人民来评判。人民是我们党的工作的最高裁决者和最终评判者。"①让人民群众满意是我们党一切工作的根本标准和价值归宿，必须"把是否促进经济社会发展、是否给人民群众带来实实在在的获得感，作为改革成效的评价标准"。②

六、统一战线：把我们的人搞得多多的

《中共中央关于党的百年奋斗重大成就和历史经验的决议》指出，中国共产党百年奋斗的历史经验包括"坚持统一战线"，强调"建立最广泛的统一战线，是党克敌制胜的重要法宝，也是党执政兴国的重要法宝"③。统一战线是指中国共产党领导的、以工农联盟为基础的，包括全体社会主义劳动者、社会主义事业的建设者、拥护社会主义的爱国者、拥护祖

---

① 习近平：《在纪念毛泽东同志诞辰120周年座谈会上的讲话》，人民出版社2013年版，第20页。
② 《深入扎实抓好改革落实工作　盯着抓反复抓直到抓出成效》，《人民日报》2016年2月24日。
③ 《中共中央关于党的百年奋斗重大成就和历史经验的决议》，人民出版社2021年版，第70页。

国统一和致力于中华民族伟大复兴的爱国者的联盟。

延安时期,中国共产党在政权建设上实现了从工农民主专政向按"三三制"原则建立的联合政权转变,堪称统一战线实践的典范。李鼎铭在当选边区政权副议长后,发表了很好的讲话。他说:"我今年61岁了,本来没有能力,加之衰病交加,10余年不出家门,纵然有点思想,也是闭门造车,不能出门合辙。今天大家选举我,我觉得惭愧得很。但是,既蒙选举,自当勉尽绵力。"又说:"我是一个无党无派的人,无党无派中也有几等。一等是中立不移的,一等是倾右的,一等是倾左的。我本来倾右,觉得共产党的社会主义不对,转念我又想我们常常笑人盲从,我说社会主义不对,究竟从何处说起?于是我找到几种社会主义的书,加以研究,才知道社会主义是天公地道的主义。在现在世界,无论何国,非实行社会主义不可。中国今日强敌压境,资源薄弱,要实行社会主义,困难殊多,但当这生死存亡的时候,必须要努力进行,不过这种努力要有一个路线。我站在无党无派的地位,一方面对共产党进几句忠言,一方面奉劝我们无党无派、各党各派的人,大家都向一条大路前进。"①

进入新时代,习近平总书记明确指出,统一战线"有用、有大用、有不可或缺的作用"②。肩负历史使命、实现新的目标,需要我们最大限度地把各阶层各方面的智慧和力量凝聚起来,最大限度地把全社会全民族的积极性主动性创造性发挥出来,巩固和发展最广泛的爱国统一战线。要深刻认识统一战线作为中国共产党凝聚人心、汇聚力量的政治优势和战略方针,过去是、现在是、将来仍然是我们党的事业不断取得新胜利的重要法宝,切实增强统战工作的责任感使命感,推动统一战线事业实现新发展。

---

① 邓力群主编《毛泽东人际关系》(上),中央民族大学出版社2004年版,第185—190页。
② 中共中央文献研究室《习近平关于社会主义政治建设论述摘编》,中央文献出版社2017年版,第132页。

（一）统一战线的民主联合功能

统一战线的民主联合功能，本质是围绕共同目标，团结一切可以团结的力量，实现最广泛的政治联合。人心向背、力量对比是决定党和人民事业成败的关键，是最大的政治。统战工作的本质要求是大团结大联合，解决的就是人心和力量问题。俗话说，"一人为仇嫌太多，百人为友嫌太少"。在新民主主义国家政权的建立过程中，统一战线提供了广泛的民心支撑，成为了国家政权建设的重要指导方针。1949年9月，中国人民政治协商会议第一届全体会议，通过的具有临时宪法性质的《中国人民政治协商会议共同纲领》规定："中国人民民主专政是中国工人阶级、农民阶级、小资产阶级、民族资产阶级及其他爱国民主分子的人民民主统一战线的政权，而以工农联盟为基础，以工人阶级为领导。"[①]1953年1月，毛泽东同志提出："人民代表大会制的政府，仍将是全国各民族、各民主阶级、各民主党派和各人民团体统一战线的政府，它是对全国人民都有利的。"[②]改革开放后，邓小平同志强调："统一战线仍然是一个重要法宝，不是可以削弱，而是应该加强，不是可以缩小，而是应该扩大。"[③]统一战线对象"范围以宽为宜，宽有利，不是窄有利"[④]。越是范围广泛，统一战线范围与人民民主主体的交叠部分就越大。

统一战线的民主联合功能，表现为包容性不断增强，参与到全过程人民民主的主体范围不断扩大。在百年奋斗历程中，中国共产党高举大团结大联合的旗帜，不断巩固和发展最广泛的统一战线，团结一切可以

---

① 中共中央文献研究室编《建国以来重要文献选编》第1册，中央文献出版社1992年版，第1页。
② 中共中央文献研究室编《毛泽东年谱（一九四九——一九七六）》第2卷，中央文献出版社2013年版，第9页。
③ 《邓小平文选》第2卷，人民出版社1994年版，第203页。
④ 中共中央文献研究室编《邓小平思想年谱（一九七五——一九九七）》，中央文献出版社1998年版，第129页。

团结的力量,调动一切可以调动的积极因素,发挥统一战线重要法宝作用,逐步确立与民主党派"长期共存、互相监督、肝胆相照、荣辱与共"的合作方针,发展社会主义协商民主制度和新型政党制度,领导和帮助各民主党派和无党派人士在坚持中国特色社会主义政治发展道路上积极发挥作用、不断发展进步。在新时代,包括民主党派、无党派、民族、宗教、新的社会阶层、港澳台人士、海外人士等各方面在内的统一战线成员,人数达数亿人之多。习近平总书记肯定地说,"只要把这么多人团结起来,我们就能为实现'两个一百年'奋斗目标、实现中华民族伟大复兴的中国梦增添强大力量"①。

统一战线的民主联合功能,正确处理了统一性与多样性的关系,更好地发挥了凝聚人心的功能。正确处理一致性和多样性关系,关键是要坚持求同存异。一方面,要不断巩固共同思想的政治基础,包括巩固已有共识、推动形成新的共识,这是基础和前提。另一方面,要充分发扬民主、尊重包容差异。对危害中国共产党领导、危害我国社会主义政权、危害国家制度和法治、损害最广大人民根本利益的问题,必须旗帜鲜明地反对,不能让其以多样性的名义大行其道。这是政治底线,不能动摇。除此之外,对其他各种多样性意见,要尽可能通过耐心细致的工作找到最大公约数。只要我们把政治底线这个圆心固守住,包容的多样性半径越长,画出的同心圆就越大。

说到底,统一战线是做人的工作,搞统一战线是为了壮大共同奋斗的力量。只要把人团结起来,我们就能为实现第二个百年奋斗目标、实现中华民族伟大复兴中国梦增添强大力量。从某种意义上说,统一战线工作做得好不好,要看交到的朋友多不多、合格不合格。多不多是数量问题,合格不合格是质量问题。

---

① 中共中央文献研究室编《十八大以来重要文献选编》(中),中央文献出版社2016年版,第562页。

（二）统一战线的民主表达功能

毛泽东同志指出："只要社会上还有党存在，加入党的人总是少数，党外的人总是多数，所以党员总是要和党外的人合作……我们一定要学会打开大门和党外人士实行民主合作的方法，我们一定要学会善于同别人商量问题。"[①] 问题是时代的声音，推进党和国家各项工作需要倾听人民呼声。民主政治运作的过程，实质上是民意有序表达、科学整合及实现的过程。统一战线作为中国式民主的有效制度安排，本身蕴含着丰富的民主表达功能，一直是协商议政、参政建言、表达意愿的重要平台，是我国民意有序表达的一条制度化渠道。

统一战线的民主表达功能，为掌握了解社情民意提供了重要途径。统一战线作为爱国者联盟具有深厚的社会基础，广泛联系着民主党派、无党派人士、民族宗教人士、广大海外留学生、海外华侨等社会群体，能够将所联系的社会群体关于政治和经济等方面的利益要求表达出来。同时，统一战线的民主表达功能，有利于掌握目前中国关于政党关系、民族关系、宗教关系、阶层关系、海内外同胞关系等方面的具体情况，为维护社会和谐稳定、维护国家主权安全发展利益、实现祖国完全统一服务。

统一战线的民主表达功能，有着丰富的制度载体。新型政党制度建立了中国共产党与各大民主党派的协商互动机制，将民主党派参与国家政权的建设，参与重要方针政策、重要领导人人选的协商，参与国家事务的管理，参与国家法律法规的制定和执行等多个方面的意见表达出来。民族区域自治制度坚持统一和自治相结合，民族因素和区域因素相结合，发挥了团结群众、争取人心的功能，促成了全社会一起做交流、培养、

---

① 《毛泽东选集》第3卷，人民出版社1991年版，第809—810页。

融洽感情的工作。通过政企沟通协商制度，了解反映非公有制经济人士的诉求，畅通非公有制经济人士有序参与政治渠道，帮助其依照法定程序维护合法权益。

作为协商民主的重要渠道和专门协商机构，人民政协有着民意表达的独特优势，能够从公共利益的全局出发，深入基层和群众，传递人民群众的声音，客观公正地向政府部门反映问题。同时，人民政协具有多界别组成的天然特征，掌握着不同界别的情况，以及所联系界别群众的意见，从而能够基本上掌握整个社会的情况。正如《中国的民主》白皮书所述，全国政协设34个界别，由中国共产党、各民主党派、无党派人士、人民团体、各少数民族和各界的代表，香港特别行政区同胞、澳门特别行政区同胞、台湾同胞和归国侨胞的代表以及特别邀请的人士组成。全国政协十三届一次会议共有委员2100多人，其中非中共党员占60.2%。[①]政协委员通过与所联系界别群众广泛地联系，准确了解不易掌握的社情民意，在社会舆情汇集和分析机制中发挥着不可替代的作用。

总之，统一战线的民主表达功能，可以使各党派、各团体、各界别的意见和主张以组织的名义发表；可以使群众中分散的、个别的意见得到系统、综合的表达；可以达到化解矛盾、协调关系、增进共识的目的，使各方面各得其所，以保持整个社会结构的平衡和社会政治的稳步发展。

（三）统一战线的民主决策功能

毛泽东同志强调"一根头发和一把头发"的关系问题，生动地揭示了统一战线工作的深刻内涵和重要作用，强调党委政府要善于用"商讨"的方式从统一战线成员那里获取各种锦囊妙计，获取更丰富的备选方案。一个篱笆三个桩，一个好汉三个帮，中国共产党已有9600多万名党员，

---

① 中华人民共和国国务院新闻办公室：《中国的民主》，人民出版社2021年版，第17页。

但在全国14亿多人口中仍然是少数。要实现我们的宏伟目标，必须依靠统一战线的民主决策功能，充分调动包括全体社会主义劳动者、社会主义事业建设者、拥护社会主义爱国者、拥护祖国统一和致力于中华民族伟大复兴爱国者等的积极性，广泛吸纳社会各界人士的智慧，汇集民智，集思广益，促进决策的科学化和民主化。

统一战线的民主决策功能，源于其成员的自身优势。统一战线的成员由于自身优势，往往能从一定角度为决策提供参考方案。党的十八大以来，中共中央召开或委托有关部门召开政党协商会议170余次，先后就中国共产党全国代表大会和中央全会报告、修改宪法部分内容的建议、制定国民经济和社会发展中长期规划的建议、国家领导人建议人选等重大问题同党外人士真诚协商、听取意见，确保重大问题决策更加科学、民主。而各民主党派中央、无党派人士深入考察调研，提出书面意见建议730余件，许多转化为国家重大决策。[①]

统一战线的民主决策功能，集中反映于制度安排。中国共产党领导的多党合作和政治协商制度，通过制度化、程序化、规范化的安排，集中各种意见和建议、推动决策科学化民主化。中国共产党领导的人民政治协商会议搭建了参政议政的政治大舞台，多样化的参与群体能够围绕中心和大局，展开政治协商，使重大决策吸收来自社会各方的意见与建议。在人民政协制度平台上，各党派团体、各族各界人士发挥在界别群众中的代表作用，通过全体会议、常委会会议、主席会议、专门委员会会议、专题协商会议、协商座谈会议等，开展提案、委员视察考察、专题调研、反映社情民意等经常性工作，对国家大政方针、经济社会各领域重要问题，在决策之前和决策实施之中进行广泛协商、平等协商、有序协商、真诚协商，提出意见建议。

---

① 中华人民共和国国务院新闻办公室：《中国的民主》，人民出版社2021年版，第14页。

好的决策，反映人民意愿，保障人民权益，增进人民福祉。在中国，统一战线民主决策功能的发挥，能够紧紧围绕党和国家中心工作的总目标，集思广益，不断打开思维空间和选择空间，能够使越来越多来自基层的声音直达各级决策层，越来越多的群众意见转化为党和政府的重大决策。

（四）统一战线的民主监督功能

全面有效的民主监督，保证人民的民主权利不因选举结束而中断，保证权力运用得到有效制约，是统一战线民主监督功能的重要体现。在中国，解决权力制约的问题，不能靠所谓的政党轮替和三权分立，要靠科学有效的民主监督。《中国共产党统一战线工作条例》第十五条规定："支持民主党派和无党派人士在坚持四项基本原则基础上，在政治协商、调研考察，参与党和国家有关重大方针政策、决策部署执行和实施情况的监督检查，受党委委托就有关重大问题进行专项监督等工作中，通过提出意见、批评、建议等方式，对中国共产党进行民主监督。"[1]

同时，统一战线的一项重要制度安排就是在人民政协开展民主监督工作。参加人民政协的各党派团体和各族各界人士在政协组织的各种活动中，依据政协章程，也能够就党和国家重大方针政策和重要决策部署的贯彻落实情况，以提出意见、批评、建议的方式进行协商式监督，协助党和政府解决问题、改进工作、增进团结、凝心聚力。《关于加强和改进人民政协民主监督工作的意见》提出了5类监督形式，即会议监督、视察监督、提案监督、专项监督、其他形式监督。人民政协利用视察调研协商活动、委员提案、大会发言、反映社情民意信息等多种形式发挥民主监督职能。着重围绕国家全局性、战略性的重大课题和满足人民美好

---

[1]《中国共产党统一战线工作条例》，人民出版社2021年版，第14页。

生活的需要来作文章，侧重从民主监督角度推动落实，提出针对性强的意见建议，力求从更客观的角度来认识和把握国家发展改革的规律，让人民群众有更多获得感、幸福感。

统一战线是中国共产党凝聚人心、汇集力量的重要法宝。在人民民主实践中，中国共产党始终把统一战线摆在重要位置。办好中国的事情，关键在党。加强党对统一战线的集中统一领导，是确保统一战线民主功能发挥的根本保障。统一战线作为中国式民主科学有效的制度安排之一，基础既在于中国共产党的先锋队性质及其初心使命，也在于所建立的人民民主专政国家政权本身就具有"大团结大联合"的统一战线性质，并由此形成了稳定、有序、有效和团结的国家治理格局和治理文化。

时代是出卷人，我们是答卷人，人民是阅卷人。人民是我们党的工作的最高裁决者和最终评判者。党的执政水平和执政成效都不是由自己说了算，必须而且只能由人民来评判，最终都要看人民是否真正得到了实惠，人民生活是否真正得到了改善，人民权益是否真正得到了保障。在新时代，我们面临的挑战和问题依然严峻复杂，党面临的"赶考"远未结束。要坚持把人民拥护不拥护、赞成不赞成、高兴不高兴、答应不答应作为衡量一切工作得失的根本标准，努力向历史、向人民交出新的更加优异的答卷。

提高领导干部政治能力，要求坚持以人民为中心的发展思想，为群众办实事。一个领导干部政治能力强，就不会说出"你是对党负责，还是对人民负责"这样的话来；一个领导干部政治能力强，也就不会说出"这些媒体净为一些'刁民'说话"的言语来。李瑞环在《学哲学　用哲学》中讲到"五线交一"的哲学思维："要办好实事也不简单，究竟选哪些实事，第一，要办那些使绝大多数群众受益的事；第二，要办群众急需的事；第三，要办长远起作用的事；第四，要办具有两个文明意义的事；第五，要办力所能及的事。这五条交在一起，这事一定能办成，而且结果也一定会好。当然，这五条一下都具备很难，但起码要具备两三条，你所办的事应是急需的或多数人受益的，力所能及的而不是脱离实际兑不了现的。"人民是我们党领导和执政力量的源泉，我们必须坚持以人民为中心，在全心全意为人民服务中提升政治站位、提高工作能力，在真心实意向人民学习中拓展工作视野、丰富工作经验、提高理论联系实际的水平，在倾听人民呼声、虚心接受人民监督中自觉进行自我反省、自我批评、自我教育，在服务人民中不断完善自己。

第六章 打铁必须自身硬

政治问题，任何时候都是根本性的大问题。全面从严治党，必须注重政治上的要求，必须严明政治纪律，特别是各级领导干部要时刻绷紧政治纪律这根弦，坚持党的领导不动摇，贯彻党的路线方针政策不含糊，始终做政治上的明白人。

——习近平在第十八届中央纪律检查委员会第六次全体会议上的讲话
（2016年1月12日）

一些人无视党的政治纪律和政治规矩，为了自己的所谓仕途，为了自己的所谓影响力，搞任人唯亲、排斥异己的有之，搞团团伙伙、拉帮结派的有之，搞匿名诬告、制造谣言的有之，搞收买人心、拉动选票的有之，搞封官许愿、弹冠相庆的有之，搞自行其是、阳奉阴违的有之，搞尾大不掉、妄议中央的也有之，如此等等。有的人已经到了肆无忌惮、胆大妄为的地步！

——习近平在中共十八届四中全会第二次全体会议上的讲话
（2014年10月23日）

一些同志忽视政治、淡化政治的问题还比较突出，有的"四个意识"不强，有的将党的领导仅仅停留在口头上，有的对错误言行缺乏政治敏锐性、政治鉴别力和斗争精神，有的依然我行我素、无视党的政治纪律和政治规矩，有的仍然奉行潜规则，把商品交换原则运用到党内，等等。

——习近平主持十九届中央政治局第六次集体学习时的讲话（2018年6月29日）

一、自我革命：跳出治乱兴衰历史周期率的第二个答案

"我们党历史这么长、规模这么大、执政这么久，如何跳出治乱兴衰的历史周期率？""毛泽东同志在延安的窑洞里给出了第一个答案，这就是'只有让人民来监督政府，政府才不敢松懈'。经过百年奋斗特别是党的十八大以来新的实践，我们党又给出了第二个答案，这就是自我革命。"[①] 这一重大战略思想蕴含着马克思主义的深厚理论逻辑，凝结着我们党长期探索的宝贵历史经验，为我们把握历史主动、奋斗新征程提供了重要遵循。

马克思主义哲学认为，改造客观世界与改造主观世界之间是辩证统一的关系：只有切实地改造主观世界，才能更好地改造客观世界；只有在改造客观实践的过程中，才能深化对客观世界的认识。对中国共产党而言，自我革命既是一种精神自觉，又是一种实际行动。这种精神贯穿党的百年，这种实践同样贯穿党的百年。马克思主义认为，客观事物一直处于不断发展变化的过程中，这一过程符合辩证的逻辑，具有革命的特点。马克思深刻指出："辩证法在对现存事物的肯定的理解中同时包含对现存事物的否定的理解，即对现存事物的必然灭亡的理解；辩证法对每一种既成的形式都是从不断的运动中，因而也是从它的暂时性方面去

---

① 任平：《"窑洞之问"的"第二个答案"——论全面从严治党、推进自我革命》，《人民日报》2022年6月29日。

理解；辩证法不崇拜任何东西，按其本质来说，它是批判的和革命的。"①马克思主义所具有的实事求是的科学性品格、追求人类解放的人民性品格、坚持唯物辩证法的批判性品格、知行合一的实践性品格，都赋予其鲜明的革命特质，都要求其不断改造客观世界和主观世界，不断进行最坚决、最彻底的革命斗争。

无产阶级革命与其他革命不同之处就在于：它自己批评自己，并靠批评自己壮大起来。列宁讲过："一个政党对自己的错误所抱的态度，是衡量这个党是否郑重，是否真正履行它对本阶级和劳动群众所负义务的一个最重要最可靠的尺度。公开承认错误，揭露犯错误的原因，分析产生错误的环境，仔细讨论改正错误的方法——这才是一个郑重的党的标志。"②

习近平总书记深刻指出："我们党为什么能够在现代中国各种政治力量的反复较量中脱颖而出？为什么能够始终走在时代前列、成为中国人民和中华民族的主心骨？根本原因在于我们党始终保持了自我革命精神，保持了承认并改正错误的勇气，一次次拿起手术刀来革除自身的病症，一次次靠自己解决了自身问题。这种能力既是我们党区别于世界上其他政党的显著标志，也是我们党长盛不衰的重要原因所在。"③

百年以来，中国共产党依靠自我革命始终不断发现真理和坚持真理，不断深化对共产党执政规律、社会主义建设规律、人类社会发展规律的认识和把握，从而能够在复杂多变的现实环境中保持战略定力，在危机中育先机、于变局中开新局，始终走在真理的道路上。

1934年，由于第五次反"围剿"惨遭重挫，中央红军被迫进行长征，濒临绝境。面对重创，党中央于1935年1月15日至17日在贵州遵义召

---

① 马克思：《资本论》第1卷，人民出版社2004年版，第22页。
② 列宁：《共产主义运动中的"左派"幼稚病》，人民出版社1991年版，第37页。
③ 习近平：《论坚持全面深化改革》，中央文献出版社2018年版，第326页。

开政治局扩大会议,史称遵义会议。会议批判了博古、李德等在军事指导上的"左"倾盲动主义的错误,同时取消了博古和李德的最高军事指挥权,重新确立了适合中国革命的战略战术和方针,确立了以毛泽东同志为代表的新的党中央的正确领导。遵义会议所作出的一系列重大决定,是中国共产党在革命时期对于军事问题方面的觉醒,是其政治觉醒的重要体现。[①]

遵义会议虽然在军事上、政治上纠正了以教条主义为主要特征的"左"倾错误,但是党员干部思想上的偏差一直没有得到系统地纠正。鉴于此,我们党在延安开展了整风运动。在这一次运动中,毛泽东同志所作的《改造我们的学习》的报告,强调了马克思主义普遍真理与中国革命的具体国情相结合的重要性,确立了全党以中国革命的具体问题为中心、以马克思主义基本原则为指导方针等重要内容。可以说,延安整风运动是遵义会议精神在思想上的延续,是全党范围内的马克思主义思想教育运动,不仅在思想上纠正了以王明为代表的"左"倾教条主义错误,而且提高了全党全军马克思主义理论水平。这是党的历史上又一次重大的自我革命。

1949年3月23日,中共中央机构从西柏坡迁往北平。毛泽东同志说:"今天是进京的日子,进京赶考去……我们决不当李自成,我们都希望考个好成绩。"[②]李自成领导的农民起义军推翻明王朝,进入北京以后,一些首领因为胜利而骄傲起来,贪图享受、生活腐化,建立的大顺政权仅仅存在43天便灰飞烟灭。毛泽东同志总结了历史教训,重申得民心者得天下、贪贿必然亡国的道理。

---

① 周茜、李红军:《延安整风运动及其对马克思主义中国化的贡献》,《贵州师范大学学报》(社会科学版)2014年第3期。

② 中共中央文献研究室编《毛泽东年谱(一八九三——一九四九)》(下卷),中央文献出版社1993年版,第469页。

改革开放以来，党恢复了马克思主义的政治路线、组织路线和思想路线，实现了以阶级斗争为纲到以经济建设为中心的历史性转变。这再次表明了我们党敢于正视错误、勇于纠正错误的政治立场，这是我们党秉承客观、公正的态度进行自我反思与自我革命的重要体现。党的十九届六中全会审议通过的《中共中央关于党的百年奋斗重大成就和历史经验的决议》指出："党的伟大不在于不犯错误，而在于从不讳疾忌医，积极开展批评和自我批评，敢于直面问题，勇于自我革命。"

习近平总书记在《坚持和发展中国特色社会主义要一以贯之》中说道："有人说，我们党现在已经从'革命党'转变成了'执政党'。这个说法是不准确的。我们党的正式提法是，我们党历经革命、建设、改革，已经从领导人民为夺取政权而奋斗的党，成为领导人民掌握全国政权并长期执政的党；已经从受到外部封锁和实行计划经济条件下领导国家建设的党，成为对外开放和发展社会主义市场经济条件下领导国家建设的党。这里面并没有区分'革命党'和'执政党'，并没有把革命和执政当作两个截然不同的事情。……我们党是马克思主义执政党，但同时是马克思主义革命党，要保持过去革命战争时期的那么一股劲、那么一股革命热情、那么一种拼命精神，把革命工作做到底。"

正是由于中国共产党具备高度的政治自觉与政治自信，所以才能够在逆境中敢于批判与反思，坚持真理，修正错误；在顺境里不断地总结经验，积极地自我净化、自我完善、自我革新、自我提高。这充分体现了中国共产党能够始终秉承和运用马克思主义哲学的精髓来因地因时处理中国共产党的政治自觉与自我革命的辩证统一关系，这一关系饱含着深刻的认识论、方法论和实践论等哲学意蕴。

二、守纪律，讲规矩，贯彻好民主集中制

民主集中制是我们党的根本组织制度和领导制度，是科学的合理的有效率的制度，是我们党最大的制度优势。《中国共产党章程》规定："党是根据自己的纲领和章程，按照民主集中制组织起来的统一整体。"民主集中制是党的根本组织原则和领导制度，是激发党的创造活力，保持党的团结统一的根本保证。民主集中制的一条基本原则是党员个人服从党的组织，少数服从多数，下级组织服从上级组织，全党各个组织和全体党员服从党的全国代表大会和中央委员会。1927年6月，我们党第一次将民主集中制写进党章，明确规定"党部的指导原则为民主集中制"。从此以后，民主集中制就成为我们党始终遵循的根本组织制度和组织原则。历史和实践证明，我们党所坚持的民主集中制是正确的，是基于中国共产党长期在中国社会主义革命和建设中长期探索的经验总结。

苏共的历史经验教训表明，民主集中制是关系到党的生死存亡的大问题，既不能过分集中，更不能极端民主。苏共在斯大林时期，完全背弃了民主集中制的原则，建立了与民主集中制相悖的个人集权制。斯大林成为发号施令、裁决一切的领袖。多数服从少数、全党服从个人成为了代替民主集中制的组织制度。这种个人集权制给苏共和社会主义事业造成了致命的危害。苏联后期，戈尔巴乔夫提出了民主化的问题，但对发扬党内民主的复杂性和艰巨性认识不足，不重视指导，导致出现极端民主和无政府主义的现象，最终导致亡党亡国[1]。苏共的惨痛教训永远值得记取。我们党的历史反复证明：什么时候民主集中制坚持得好，党就风清气正、充满生机活力，党的事业就蓬勃发展；什么时候民主集中制

---

[1] 徐天新：《民主集中制的破坏与苏共的瓦解》，《当代世界社会主义问题》2003年第3期。

受到破坏，党内矛盾和问题就会滋生蔓延，党的风气就会受到损害，党的事业就会遭遇挫折。

1979年3月，邓小平同志在党的理论工作务虚会议上所作的《坚持四项基本原则》的讲话中明确指出："我们实行的是民主集中制，这就是民主基础上的集中和集中指导下的民主相结合。"①民主集中制不是民主与集中的简单相加，而是民主与集中的辩证统一，有机结合，是两个相辅相成的统一整体。民主的过程就是集中的过程，没有民主就没有集中；集中的过程也是民主的过程，没有集中也就没有民主。将二者对立起来，割裂开来都是片面的，错误的。"没有民主，就没有集中；而这个集中，总是要在民主的基础上，才能真正地正确地实现。"②民主集中制必须首先落实好民主，发扬党内民主，营造民主讨论的良好氛围，鼓励讲真话、讲实话、讲心里话，允许不同意见碰撞和争论。集中就是全党意志的表达、党员智慧的凝聚和行动的坚决一致。这种集中，一方面，表现为全党思想的统一，即在民主基础上充分表达党员和党组织的意愿、主张，经过少数服从多数程序形成决策，从而完成全体党员意志、智慧的凝聚过程；另一方面，表现为组织上的物质统一，主要是执行决策时的步调一致，即"在集中正确意见的基础上，做到统一认识，统一政策，统一计划，统一指挥，统一行动，叫做集中统一"③。集中还指党组织认识活动的集中和组织决策的集中，即集中群众的意见，接受群众监督和实践的检验；党组织集中多数意见、集体表决和形成重大决策。组织结构中的集中，侧重的是组织运行的权力适当集中于上级组织，适当集中于中央组织，总体上呈现金字塔型的权力架构，具有集中统一的特点。这是工人阶级政党高效运行的需要，也是实现"自由人的联合体"的需要。为此，

---

① 《邓小平文选》第2卷，人民出版社1994年版，第175页。
② 《邓小平文选》第1卷，人民出版社1994年版，第304页。
③ 《毛泽东文集》第8卷，人民出版社1999年版，第294页。

党委会有权任命派出机构和党组；党代会闭会期间，上级党组织有权委任或调任下级党组织的领导班子及其成员等。①

民主集中制中的"民主"与"集中"是相互依存，相互支持，相互保障的。离开了充分有效的民主，就不能得到科学合理的集中；离开了统一有效的集中，也当然不能保障民主的成果。刘少奇同志在党的七大上所作的《关于修改党章的报告》中作了解释。关于民主基础上的集中，党的领导机关是由党员选举出来的；党的决议是从群众中集中起来的，并由党员的代表们所决定的；党的领导机关的权力是由党员群众所授予的；党内的秩序，是由个人服从组织，少数服从多数，下级服从上级，全党服从中央的原则建立起来的。因此党的集中制是建立在民主基础上的，不是离开民主的，不是个人专制主义。党的一切会议是由领导机关召集的，一切会议的进行是有领导的，一切决议和法规的制订是经过充分准备和仔细考虑的，一切选举是有审慎考虑过的候选名单的，全党是有一切党员都要履行的统一的党章和统一的纪律的，并有一切党员都要服从的统一的领导机关的。这就是说，党内民主制，不是没有领导的民主，不是极端民主化，不是党内的无政府状态。

📖 延伸阅读

2013年3月，习近平在接受金砖国家媒体联合采访时说："众人拾柴火焰高。我们有一个既有分工又有协作的中央领导集体，有一套比较有效的工作机制，大家各负其责，共同把工作做好。"这是对我们党民主集中制组织原则的最深刻的论述。在这种组织制度下，党的上级组织要经常听取下级组织和党员群众的意见，及时解决他们提出的问题。党的下

---

① 肖纯柏：《民主集中制是我们党最大的制度优势——十八大以来民主与集中辩证关系新探》，《党的文献》2014年3月。

级组织既要向上级组织请示和报告工作，又要独立负责地解决自己职责范围内的问题，上下级组织之间要互通情报、互相支持和互相监督。党的各级委员会实行集体领导和个人分工负责相结合的制度。凡属重大问题都要由党的委员会民主讨论，作出决定。党禁止任何形式的个人崇拜。要保证党的领导人的活动处于党和人民的监督之下，同时维护一切代表党和人民利益的领导人的威信。

我们党历来高度重视发展党内民主。党的代表大会报告、党的全会文件、党的重要文件和重大决策、政府工作报告、重大改革发展举措、部门重要工作文件，都要在党内一定范围征求意见，有的不止征求一次，还要征求两次、三次，部门的重要文件，有的要征求全部省区市的意见和建议，有的要征求几十家中央和国家部门的意见和建议。而且，这些都是必须过的程序，党中央审议这些文件时，都要求报告征求意见的情况，同意的要报告，不同意的也要报告。我们中央领导同志也经常通过召开座谈会、下去调研、找人谈话、研究调研材料等多种形式，听取各方面意见建议。

党中央作出重大决策都是很慎重的，重大方案要经过部门讨论、各有关中央领导小组讨论、国务院讨论，然后才拿到中央政治局常委会会议、中央政治局会议上审议。

如果审议不通过，还要拿回去重新研究……这样做就是为了充分发扬民主、广泛听取意见和建议，做到兼听则明、防止偏听则暗，做到科学决策、民主决策、依法决策。

党和国家工作的重大决策部署，听了各方面意见和建议，最后总要作出决定，这个决定权就在党中央，只此一家，别无分店。在酝酿和讨论过程中，大家可以充分发表意见，畅所欲言，可以提修改意见，可以批评，甚至可以反对，言者无罪。……但是，一旦党中央作出决定，各方就要坚决贯彻执行，不能某个决策不符合自己的意见、不对自己的胃口就不执行。而且，执行起来还要全心全意，不能三心二意、半心半意。在坚决执行的条件下，有意见、有问题还可以通过党内程序反映，直到向党中央反映，这都是允许的。有关反映党中央采纳了，那很好，如果没有采纳也不要牢骚满腹，心里不痛快，行动上打埋伏。

个人有见解是好事，但个人的认识毕竟是有其局限性，党中央决策要从全局出发，集中各方面智慧，综合考虑各方面条件。我们这么大一个政党，这么大一个国家，如果没有党中央定于一尊的权威，公说公有理，婆说婆有理，争论不休，不仅会误事，而且要乱套！①

整体上看，我们党在严格贯彻执行民主集中制的组织原则上是好的。但是，我们也面临着一系列的问题和挑战，特别是改革开放以来，社会主义市场经济制度的确定改变了原有的资源配置方式和组织管理模式，越来越多的单位人变成经济人和社会人，各种复杂的利益关系、人际关系对我们党的民主集中制带来了不可低估的冲击和影响。比如，认识上存在严重误区，有些党员将民主集中制简单地理解为，民主就是大家说说话，集中是"一把手"的事情，严重扭曲了民主集中制的本质内容；个人主义、自由主义现象蔓延，跟组织讨价还价，不服从组织安排，乱发议论，对党的路线方针政策和上级重大决策部署，不负责任地随意发表不一致的言论，有的热衷于编段子、发段子、讲段子，传播政治谣言，丑化党的形象，有的无密可保，常委会还在研究的事不胫而走，党内还未传达的事党外已经传开；主要领导干部作风霸道，独断专行，把分管领域当成"私人领地"，互不买账，互不服气，内耗严重；有的只对

---

① 以上内容参见中共中央党史和文献研究院编《十八大以来重要文献选编》（下），中央文献出版社2018年版，第586—587页。

领导个人负责而不对组织负责，把上下级关系搞成人身依附关系，特别是在对重大问题的决策和干部任免上，根本不召开会议讨论，或走走过场，最终按自己意志决定；搞本位主义，阳奉阴违。一些地方和单位在落实政策、执行决策上打折扣、作选择、搞变通。这些行为，往往穿上考虑地方实际、鉴于特殊情况、有利地方发展等的"合法外衣"，具有很强的蒙蔽性，表面是工作问题，实质是纪律问题，是不听号令、政令不畅，违反政治纪律和政治规矩；存在用实用主义态度对待组织原则的问题，多数人集体决定了的事情，有些同志仍然我行我素，拒不执行，甚至"你有政策、我有对策"，阳奉阴违，另搞一套，致使集体讨论作出的决定、决议无法实行。这里既包括委员会的成员不执行自己参与制定的决议，也包括下级组织对上级组织的决议、决定拒不执行。

严守纪律规矩要完善坚持民主集中制。严格落实贯彻民主集中制要保障党员民主权利，拓宽党内民主渠道。使党员对党内事务有更多的了解和参与，加强对党的领导机关和领导干部的监督。进一步完善常委会议事规则和决策程序，凡属重大问题决策和重要干部任免，必须按照集体领导、民主集中、个别酝酿、会议决定的原则，由常委会集体讨论决定，坚决防止独断专行和个人说了算。推动民主集中制程序化和法治化，通过党内法规建设进一步完善民主集中制，提高党的执政能力和领导水平。贯彻和落实民主集中制，既能够充分发扬党内民主，强化党内监督，不断增强党自我净化、自我完善、自我革新、自我提高的能力，在党内生活中实现党员人人平等、共同参与和管理党内事务，广泛凝聚全党智慧，激发全党的创造力，确保党的路线方针政策顺乎党心民心，符合客观实际；又能够保持党在思想上、政治上、组织上的高度一致，保证党的路线方针政策贯彻和执行，保障党的组织统一、行动一致，集中力量办大事，充分彰显中国特色社会主义的优越性。由此，新时代全面推进从严治党,加强和规范党内政治生活,必须严格执行民主集中制,充分发挥民主集中制的制度规制作用,持之以恒推进全面从严治党。

三、严守纪律规矩必须坚定"两个维护"

历史唯物主义认为历史是由人民群众创造的。人民群众是社会变革的决定力量。但不可否认的是,领袖人物、英雄人物在推动社会发展过程中会发挥特殊的作用。正如列宁指出的:"在历史上,任何一个阶级,如果不推举出自己的善于组织运动和领导运动的政治领袖和先进代表,就不可能取得统治地位。"① 古往今来,世界上的大国崩溃或者衰败,其中一个普遍的原因就是中央权威丧失、国家无法集中统一。1903年,在俄国社会民主工党第二次代表大会上,列宁和马尔托夫针对党的组织问题产生了意见分歧。马尔托夫主张实行"自治制",认为党员可以不参加党的组织,这实际上是想建立一个"党员俱乐部"。列宁则主张党员必须参加党的组织,并按照地方服从中央、下级服从上级、少数服从多数的原则来建党。对此,孟什维克攻击列宁是实行"专制主义"作风。1904年,列宁在《进一步,退两步》中指出,组织上的机会主义"就是力图削弱知识分子对于无产阶级政党的责任,削弱中央机关的影响,加强党内最不坚定分子的自治"。列宁认为,党应该具有严密的组织、统一的意志和行动,只有按照集中制原则建立起来的党才是一个"真正钢铁般的组织"。无产阶级之所以不可战胜就是因为它根据马克思主义原则形成的思想一致是用组织的物质统一来巩固的。1920年,列宁提出"无产阶级实现无条件的集中和极严格的纪律,是战胜资产阶级的基本条件之一"。

确立和维护无产阶级政党的领导核心,始终是马克思主义建党学说

---

① 《列宁全集》第4卷,人民出版社1984年版,第336页。

的一个基本观点。马克思曾指出:"一个单独的提琴手是自己指挥自己,一个乐队就需要一个乐队指挥。"[1]毛泽东同志指出:"要建立领导核心,反对'一国三公'。"[2]马克思、恩格斯突出强调要加强党的集中统一。在总结巴黎公社运动失败的经验教训时,恩格斯曾深刻地指出:"巴黎公社遭到灭亡,就是由于缺乏集中和权威。"[3]

毛泽东同志要求高级干部必须紧密团结在中央的周围,坚决执行中央制定的路线和方针。他在党的七大上指出:"要知道,一个队伍经常是不大整齐的,所以就要常常喊看齐,向左看齐,向右看齐,向中看齐。我们要向中央基准看齐,向大会基准看齐。看齐是原则,有偏差是实际生活,有了偏差,就喊看齐。"[4]当然,毛泽东同志主张的是马列主义基础上的团结,是有原则的团结,不是无原则的一团和气。他说:"要在一个原则下团结起来,在正确路线的基础上团结起来,是头脑清醒的团结,不是盲目的团结。"[5]在长期奋斗历程中,虽然也发生过张国焘分裂红军另立"中央"、犯了严重错误的情况,但绝大多数时间保持了党的团结统一。我们党始终强调和执行严格的纪律,始终维护党中央权威和集中统一领导。党的很多领导人自觉正确处理个人与组织、下级与上级、地方与中央、局部与全局的关系,坚持局部服从全局、自觉为大局担当。解放战争时期,邓小平同志和刘伯承同志为了战争全局、减轻中央压力,在极端困难的条件下,冒着很大的风险千里挺进大别山。邓小平同志后来回忆道:"毛主席打了个极秘密的电报给刘邓,写的是陕北'甚为困难'。

---

[1] 《马克思恩格斯全集》第44卷,人民出版社2001年版,第384页。
[2] 中共中央文献研究室、中央档案馆编《建党以来重要文献选编(一九二一—一九四九)》第20册,中央文献出版社2011年版,第604页。
[3] 《马克思恩格斯全集》第33卷,人民出版社1973年版,第378页。
[4] 《毛泽东文集》第3卷,人民出版社1996年版,第297—298页。
[5] 中共中央文献研究室、中央档案馆编《建党以来重要文献选编(一九二一—一九四九)》第22册,中央文献出版社2011年版,第527页。

当时我们二话没说，立即复电，半个月后行动，跃进到敌人后方去，直出大别山。实际上不到十天，就开始行动。那时搞无后方作战，困难是可想而知的啊。"①1948年1月，党中央发出《关于建立报告制度》的指示。从那时起，一直到新中国建立初期担任西南局书记，邓小平同志坚持向中央写报告，汇报工作情况和体会，请示指导意见，多次受到毛泽东同志表扬，其创造的好经验也被推广到其他地区。

对于中国革命、建设和改革事业来说，领袖人物、领导核心的形成至关重要。对于这一点，邓小平曾指出："遵义会议以前，我们的党没有形成过一个成熟的党中央。从陈独秀、瞿秋白、向忠发、李立三到王明，都没有形成过有能力的中央。我们党的领导集体，是从遵义会议开始逐步形成的，也就是毛刘周朱和任弼时同志，弼时同志去世后，又加了陈云同志。到了党的八大，成立了由毛刘周朱陈邓六个人组成的常委会，后来又加了一个林彪。这个领导集体一直到'文化大革命'。在'文化大革命'以前很长的历史中，不管我们党犯过这样那样的错误，不管其成员有这样那样的变化，始终保持了以毛泽东同志为核心的领导集体。这就是我们党第一代的领导。党的十一届三中全会建立了一个新的领导集体，这就是第二代的领导集体。在这个集体中，实际上可以说我处在一个关键地位。……任何一个领导集体都要有一个核心，没有核心的领导是靠不住的。第一代领导集体的核心是毛主席。因为有毛主席作领导核心，'文化大革命'就没有把共产党打倒。第二代实际上我是核心。因为有这个核心，即使发生了两个领导人的变动，都没有影响我们党的领导，党的领导始终是稳定的。"②此后，江泽民在第三代领导集体中核心地位的确立和以胡锦涛为总书记的党中央的形成，是党的十三届四中全会后中国

---

① 《邓小平文选》第3卷，人民出版社1993年版，第339页。
② 《邓小平文选》第3卷，人民出版社1993年版，第309—310页。

特色社会主义建设事业能够得到顺利发展的重要原因。

我们这样一个有着14亿多人口的大国，必须有一个众望所归的领袖；我们这样一个有着9600多万名党员的大党，必须有一个坚强的领导核心。没有党中央的核心、全党的核心，就没有党中央的权威和集中统一领导，就会导致各自为政，那就什么事情都干不成。党的十八大以来，习近平同志对关系新时代党和国家事业发展的一系列重大理论和实践问题进行了深邃思考和科学判断，就新时代坚持和发展什么样的中国特色社会主义、怎样坚持和发展中国特色社会主义，建设什么样的社会主义现代化强国、怎样建设社会主义现代化强国，建设什么样的长期执政的马克思主义政党、怎样建设长期执政的马克思主义政党等重大时代课题，提出一系列原创性的治国理政新理念新思想新战略，是习近平新时代中国特色社会主义思想的主要创立者。党确立习近平同志党中央的核心、全党的核心地位，确立习近平新时代中国特色社会主义思想的指导地位，反映了全党全军全国各族人民共同心愿，对新时代党和国家事业发展、对推进中华民族伟大复兴历史进程具有决定性意义。① 领袖人物、领导核心对于无产阶级革命事业有着重要的作用。习近平总书记以伟大的历史主动精神、巨大的政治勇气、强烈的责任担当，统筹国内国际两个大局，解决了许多长期想解决而没有解决的难题，办成了许多过去想办而没有办成的大事，推动党和国家事业取得历史性成就、发生历史性变革。习近平总书记指出："中华民族伟大复兴，绝不是轻轻松松、敲锣打鼓就能实现的。"② 面对美国挑起的经贸摩擦，习近平总书记亲自领导应对，有力维护了我国主权、尊严、核心利益，展现了一个大党大国领袖运筹帷幄、指挥若定的领导水平和斗争艺术。在新冠病毒疫情防控的人民战争、

---

① 《中国共产党第十九届中央委员会第六次全体会议文件汇编》，人民出版社2021年版，第11页。
② 《决胜全面建成小康社会　夺取新时代中国特色社会主义伟大胜利——在中国共产党第十九次全国代表大会上的报告》，人民出版社2017年版，第15页。

总体战、阻击战中，习近平总书记统揽全局、果断决策，为疫情防控取得重大战略成果提供了最根本保证。面对外部势力干预香港事务、"反中乱港"活动猖獗，以习近平同志为核心的党中央保持定力，采取一系列标本兼治的举措，推动香港局势实现由乱到治的重大转折。

无产阶级政党的领袖人物、领导核心是在伟大事业进行过程中成长起来的，是无产阶级队伍中的先锋人物。无产阶级政党的领袖人物、领导核心善于密切联系人民群众，善于组织和引导人民群众参与无产阶级的伟大事业、伟大斗争，善于迅速而正确地认识和解决各种复杂的政治问题，具有宝贵的精神品质、坚强的意志和卓越的领导能力。领袖人物、领导核心的存在对于无产阶级的革命事业起着稳定器、压舱石的重要作用。新时代，中国共产党要团结带领全国各族人民进行伟大斗争、推进中国特色社会主义伟大事业、实现中华民族复兴的伟大梦想、推进党的建设新的伟大工程，这需要有远大的政治眼光和杰出领导能力的领袖人物、领导核心。这对于实现新时代中国共产党肩负的历史使命来说至关重要。

新时代，坚决维护习近平总书记党中央的核心、全党的核心地位，坚决维护党中央权威和集中统一领导是我们党最根本的政治纪律和政治规矩，是党的政治建设的"根"和"魂"。在任何时候任何情况下都必须在思想上政治上行动上同党中央保持高度一致，必须维护党的团结，坚持五湖四海，团结一切忠实于党的同志，必须遵循组织程序，重大问题该请示的请示，该汇报的汇报，不允许超越权限办事，必须服从组织决定，决不允许搞非组织活动，不得违背组织决定，必须管好亲属和身边工作人员，不得默许他们利用特殊身份谋取非法利益。2021年2月20日，习近平总书记在党史学习教育动员大会上讲话指出："'壹引其纲，万目皆张。'党的十八大以来，我们全力推进党的政治建设，健全维护党中央权威和集中统一领导的各项制度，党的团结统一更加巩固。同时，我们也要看到，现在仍有一些党员、干部政治意识不强、政治敏锐性不高，不善于从政治上观察和处理问题，对'国之大者'不关心，对政治要求、政治规矩、政治纪律不上心，对各种问题的政治危害性不走心，对贯彻落实党中央的大政方针不用心，讲政治还没有从外部要求转化为内在主动。维护党中央权威和集中统一领导不能停留在口头上，而是要体现在行动上。要教育引导全党从党史中汲取正反两方面历史经验，坚定不移向党中央看齐，不断提高政治判断力、政治领悟力、政治执行力，切实增强'四个意识'、坚定'四个自信'、做到'两个维护'，自觉在思想上政治上行动上同党中央保持高度一致，确保全党上下拧成一股绳，心往一处想、劲往一处使。"

党的历史、新中国发展的历史表明，要治理好我们这个大党、治理好我们这个大国，保证党的团结和集中统一至关重要，维护党中央权威至关重要。什么时候党中央有权威，党就有力量。如果党中央没有权威，党的理论和路线方针政策可以随意不执行，党就会变成一盘散沙，就会成为自行其是的"私人俱乐部"，党的领导就会成为一句空话。维护党中央权威和集中统一领导，决不是一般问题和个人的事，而是方向性、原则性问题，是党性，是大局，关系党、民族、国家前途命运。

事在四方，要在中央。党中央是大脑和中枢，党和国家大政方针的决定权在党中央。地方和部门的权威来自党中央权威，地方和部门的工作是对党中央决策部署的具体落实。党的任何组织和成员必须以实际行动维护党中央一锤定音、定于一尊的权威，必须服从党中央集中统一领导。坚决维护党中央权威和集中统一领导，是党的领导的最高原则，任何时候任何情况下都不能含糊、不能动摇。维护党中央权威和集中统一领导，必须对党忠诚。对党忠诚，就是要与党中央同心同德，听党指挥、为党尽责，严守党的政治纪律和政治规矩，始终在政治立场、政治方向、政治原则、政治道路上同党中央保持高度一致。对党忠诚，必须体现到对党的信仰的忠诚上，必须体现到对党组织的忠诚上，必须体现到对党的理论和路线方针政策的忠诚上。要把维护党中央权威和集中统一领导作为明确的政治准则和根本的政治要求，自觉做到党中央提倡的坚决响应、党中央决定的坚决执行、党中央禁止的坚决不做，执行党中央决策部署不讲条件、不打折扣、不搞变通。维护党中央权威，核心只有党中央的核心，看齐只能向党中央看齐。

守纪律是多方面的，但政治纪律是最重要、最根本、最关键的纪律。政治纪律是全党在政治方向、政治立场、政治言论、政治行动方面必须遵守的刚性约束。政治规矩则是刚性与软性的合集，既包括党章、党纪、国法这样的硬性约束，也包括党的优良传统、工作惯例等软性的未成文的内容。遵守党的政治纪律和政治规矩，最核心的表现就是坚持党的领导，坚持党的基本理论、基本路线、基本纲领、基本经验、基本要求，同党中央保持高度一致，自觉维护中央权威。

严守纪律规矩必须严格遵守党章。严格执行党章关于党内政治生活的各项规定，敢于坚持原则，勇于开展批评和自我批评，带头弘扬正气、抵制歪风邪气。各级党组织和广大党员干部，特别是主要领导干部要自觉遵守党章，自觉按照党的组织原则和党内政治生活准则办事，自觉接受党的纪律约束，决不允许任何个人凌驾于组织之上。每一个共产党员特别是领导干部，不论担任何种职务、从事何种工作，都要时刻牢记自己在党旗下作出的庄严承诺，自觉遵守和维护党章，严格按党章的规定和要求来约束和规范自己。要正确处理个人与组织的关系，自觉把个人置于党的组织之中，时刻把党的利益放在第一位，个人利益服从整体利益，局部利益服从全局利益，自觉执行党的号令，顾全大局、保证大局、服务大局，始终用组织原则约束自己的言行，永远捍卫党的事业。

第七章 准确把握考准考实干部政治素质的标准

> 德薄而位尊，知小而谋大，力小而任重，鲜不及矣。
>
> ——《周易·系辞下》

> 选人用人是政治生态的风向标。要坚持党管干部原则，贯彻新时期好干部标准，始终把政治标准放在第一位。
>
> ——中共中央关于加强党的政治建设的意见（2019年1月31日）

政治素质是干部基本素质的核心，也是干部履职的首要条件。领导干部如果缺乏应有政治素质，在复杂的环境中，面对各种利益诱惑，面对各种"围猎"，面对各种工作中的困难和挑战，往往就很难挺得住，甚至会丧失政治立场和失去道德底线，走到人民利益的对立面。2017年2月13日，习近平总书记在省部级主要领导干部学习贯彻十八届六中全会精神专题研讨班开班式上讲道："党的高级干部要注重提高政治能力，牢固树立政治理想，正确把握政治方向，坚定站稳政治立场，严格遵守政治纪律，加强政治历练，积累政治经验，自觉把讲政治贯穿于党性锻炼全过程，使自己的政治能力与担任的领导职责相匹配。"因此，只有严把政治关，考准考实干部的政治素质，选拔旗帜鲜明讲政治的干部，才能保证党和国家各项事业始终沿着正确的方向前进。

一、考准考实干部信念是否坚定

信念坚定是考察干部政治素质的首要标准。要把坚定理想信念作为干部的终身课题，形成长效机制，坚持不懈锤炼干部忠诚干净担当的政治品格。

首先，要做到对党绝对忠诚。对党绝对忠诚，是共产党人首要的政治品质，是考准考实干部政治素质的金标准。如果没有对党绝对忠诚作为政治上的"定海神针"，就很可能在各种考验面前败下阵来。对党绝对忠诚，必须一心一意、一以贯之，必须表里如一、知行合一，任何时候任何情况下都不改其心、不移其志、不毁其节。忠诚和信仰是具体的、实践的。检验党员干部是不是对党绝对忠诚，在革命年代就要看其能不能为党和人民事业冲锋陷阵、舍生忘死，在和平时期也有明确的检验标准。对党绝对忠诚，重点考核干部是否能在重大政治考验面前有政治定力；是否能树立牢固的宗旨意识；是否能对工作极端负责；是否能做到吃苦在前、享受在后；是否能在急难险重任务面前勇挑重担；是否经得起权力、金钱、美色的诱惑。这个检验不是短期内能够完成的，而是需要一个过程和看长期表现，甚至要看一辈子。

其次，要坚定"两个理想"。马克思主义奠定了共产党人坚定理想信念的理论基础。坚定理想信念，要全面掌握辩证唯物主义和历史唯物主义的世界观和方法论，深刻认识实现共产主义是由一个一个阶段性目标逐步达成的历史过程，把共产主义远大理想同中国特色社会主义共同理想统一起来、同我们正在做的事情统一起来，坚定中国特色社会主道路自信、理论自信、制度自信、文化自信,坚守共产党人的理想信念,为共产主义奋斗终身。坚定"两个理想",重点考核干部是否带头学理论、强信念,筑牢信仰之基,补足精神之钙,把稳思想之舵,精研弄通科学社会主义和共产主义基本原理,坚持科学社会主义基本原则;是否清醒认识中国特色社会主义是社会主义而不是其他什么主义,真正搞清楚什么是中国特色社会主义、怎样建设中国特色社会主义的问题;是否存在不信马列信鬼神、不信真理信金钱,各种歪曲、篡改、否定马克思主义的错误思想;是否存在对共产主义心存怀疑,认为那是虚无缥缈,难以企及的问题;以及是否存在向往西方社会制度和价值观念,对社会主义前途丧失信心等现象。

二、考准考实干部能否站稳人民立场

坚持以人民为中心是马克思主义唯物史观的必然要求,是中国共产党人不忘初心、牢记使命的鲜明表达。党的根基在人民、血脉在人民、力量在人民,人民立场是中国共产党的根本政治立场。站稳人民立场,重点考察干部是否清醒认识新时代社会主要矛盾的变化,着重解决发展不平衡不充分的问题,逐步满足人民对民主、法治、公平、正义、安全、环境等美好生活方面的需要;是否在"五位一体"的总体布局中,真正坚持了发展为了人民、发展依靠人民、发展成果由人民共享,经济上朝着共同富裕稳步前进,政治上扩大人民有序政治参与,文化上繁荣发展社会主义文艺,社会上使人民获得感、幸福感、安全感更加充实,生态上提供更加优质公共产品;是否能够把对党负责和对人民负责高度统一起来,想问题、作决策、办事情都从人民利益出发,着力解决人民群众最关心最直接最现实的利益问题;是否能在思想上尊重群众、依靠群众,以求真务实的态度为群众做实事,在事关人民群众切身利益的急难险重任务中豁得出去,深入基层,深入群众,认真听取群众意见,同基层群众站在一起、干在一起;是否能够做好组织动员和教育引导群众的工作,最大限度把广大群众团结凝聚在党的周围,同心同德为实现党的奋斗目标而努力;是否能够持续改进和创新联系群众的途径方法,坚持走好网上群众路线,汇集民智民力,善于通过群众喜闻乐见方式宣传党的理论和路线方针政策,把党的主张变为群众自觉行动。

三、考准考实干部是否胸怀"国之大者"

世界处于百年未有之大变局,是习近平总书记关于世界转型过渡期的国际形势以及中国历史交汇期的外部环境的重要论断。这一重要论断,对指导我们正确把握世界发展大势、审视中国与世界的关系具有重要意义。领导干部要运用辩证思维把握国内国际发展形势,既要坚持胸怀"两个大局"的两点论,也要坚持实现中华民族伟大复兴的重点论,切实扛起这份沉甸甸的政治责任,解决好时代和实践提出的重大课题。

准确考察干部是否胸怀"国之大者",要看干部是否毫不动摇坚决捍卫、坚定执行党在社会主义初级阶段的基本政治路线,把以经济建设为中心同坚持四项基本原则、坚持改革开放两个基本点统一于中国特色社会主义伟大实践;是否在部署推进党和国家事业发展重大战略、重大任务、重大工作,在各地区各部门确定工作思路、工作部署、政策措施时,能够自觉同党的政治路线对标对表、及时校准偏差;是否能够推进国家治理体系和治理能力现代化,努力使各方面制度更加成熟科学、制度执行力不断提升,为事业发展提供有力体制机制保障;是否能够健全坚持和加强党的全面领导的制度体系,把党的领导落实到改革发展稳定、内政外交国防、治党治国治军等各领域各方面各环节；是否能够不断改进党的领导方式，强化战略思维、创新思维、辩证思维、法治思维、底线思维，正确制定和坚决执行党的路线方针政策，不断增强党的政治领导力、思想引领力、群众组织力、社会号召力。

战略和策略是辩证统一关系，正确的战略需要正确的策略来落实，策略是在战略指导下为战略服务的。要取得各方面斗争的胜利，不仅要有战略谋划，有坚定斗志，还要有策略、有智慧、有方法，把战略的坚定性和策略的灵活性结合起来。党的领导干部站位要高，做事要实，既要把方向、抓大事、谋长远，又要抓准抓好工作的切入点和着力点，既要算大账总账，又要算小账细账；要求各地区各部门确定工作思路、工作部署、政策措施，要自觉同党的理论和路线方针政策对标对表、及时校准偏差，党中央作出的战略决策必须无条件执行，确保不偏向、不变通、不走样。各地区各部门根据自身实际制定的策略，要注意及时总结评估，对那些偏离中央战略的，要赶紧调整。

四、考准考实干部是否严守政治纪律

政治问题，任何时候都是根本性的大问题。全面从严治党，必须注重政治上的要求，必须严明政治纪律，特别是各级领导干部要时刻绷紧政治纪律这根弦，坚持党的领导不动摇，贯彻党的路线方针政策不含糊，始终做政治上的明白人。政治纪律是党最根本、最重要的纪律，是净化政治生态的重要保证。

严守政治纪律，重点考核干部是否能够坚决做到"两个维护"，增强拥护核心、跟随核心、捍卫核心的思想自觉、政治自觉、行动自觉，始终同以习近平同志为核心的党中央保持高度一致，做到党中央提倡的坚决响应、党中央决定的坚决执行、党中央禁止的坚决不做；是否能够严格执行《中国共产党纪律处分条例》，严肃查处违反政治纪律的行为，通过严明政治纪律带动党的其他纪律严起来；是否能够坚持"五个必须"，严肃查处"七个有之"问题，把政治上蜕变的两面人及时辨别出来、清除出去，坚决防止党内形成利益集团攫取政治权力、改变党的性质，坚决防止山头主义和宗派主义危害党的团结、破坏党的集中统一；是否能够营造良好政治生态，增强政治定力、纪律定力、道德定力、拒腐定力，为人公道正派，破除关系学、厚黑学、官场术等封建糟粕，坚决防止和反对个人主义、分散主义、自由主义、本位主义、好人主义，坚决防止和反对宗派主义、圈子文化、码头文化；是否能够坚决抵制庸俗腐朽的政治文化，自觉抵制商品交换原则对党内生活的侵蚀，狠刹权权交易、权钱交易、权色交易等不正之风；是否能够营造良好政治生态，严格执行《关于新形势下党内政治生活的若干准则》，着力提高党内政治生活质量，努力在全党形成又有集中又有民主、又有纪律又有自由、又有统一意志又有个人心情舒畅生动活泼的政治局面，增强党内政治生活的政治性、时代性和原则性。

五、考准考实干部政治能力是否"过硬"

习近平总书记多次强调："在领导干部的所有能力中，政治能力是第一位的。大家都担任领导职务，负责一方面工作，必须做到观察分析形势要把握政治因素，筹划推动工作要落实政治要求，处理解决问题要防范政治风险"。[①] 考准考实干部的政治能力是否过硬，要看干部是否能

---

① 中共中央党史和文献研究院、中央"不忘初心、牢记使命"主题教育领导小组编《关于"不忘初心、牢记使命"论述摘编》，党建读物出版社、中央文献出版社2019年版，第115页。

够在大是大非面前态度鲜明、立场坚定；是否始终在政治立场、政治方向、政治原则、政治道路上同以习近平同志为核心的党中央保持高度一致，具有明辨是非的能力；是否善于从政治上研判形势、分析问题，自觉在党和国家工作大局下想问题、做工作，做到一切服从大局、一切服务大局；是否有忧患意识、风险意识，能够增强政治敏锐性和政治鉴别力，对容易诱发政治问题特别是重大突发事件的敏感因素、苗头性倾向性问题，对意识形态领域各种错误思潮、模糊认识、不良现象，保持高度警惕，做到眼睛亮、见事早、行动快；是否在编制发展规划、推进法治建设、制定政策措施，以及部署各项工作，严格遵照中国特色社会主义的根本制度、基本制度和重要制度，不能有任何偏差；是否有过硬的风险处置能力，及时阻断不同领域风险转换通道，防止非公共性风险扩大为公共性风险、非政治性风险演变为政治风险；是否具备斗争精神，敢于亮剑、善于斗争，发现违反政治纪律、危害政治安全的行为坚决抵制，做勇于斗争的"战士"，不做爱惜羽毛的"绅士"，严防对挑战政治底线的错误言论和不良风气听之任之、逃避责任、失职失察。